Michael Fischer (Hg.)
Zauber der Musik

Michael Fischer

Zauber der Musik

Musik und Spiritualität

Benziger

Die Deutsche Bibliothek – CIP-Einheitsaufnahme

Zauber der Musik: Musik und Spiritualität /
hrsg. von Michael Fischer. –
Düsseldorf; Zürich: Benziger, 2001
ISBN 3-545-20208-9

© 2001 Patmos Verlag GmbH & Co. KG
Benziger Verlag, Düsseldorf und Zürich
Alle Rechte, einschließlich derjenigen des auszugsweisen Abdrucks
sowie der fotomechanischen und elektronischen Wiedergabe, vorbehalten.
Satz: Fotosatz Moers, Mönchengladbach
Druck und Einband: Clausen & Bosse, Leck
ISBN 3-545-20208-9
www.patmos.de

Inhalt

7 Zum Geleit
9 Nur die Musik gibt uns endgültige Antworten
33 Musikalische Bekenntnisse
59 Die romantischste aller Künste
79 Der Stille lauschen
95 Spuren der Transzendenz

115 Quellenverzeichnis

Zum Geleit

»Zauber der Musik« – dies ist der Titel der vorliegenden Anthologie: Die Musik ist es, die die Kraft hat, Menschen zu verzaubern, zu bereichern und zu verändern. Und Menschen sind es, die zauberhafte Musik ersinnen, singen und spielen. –

Seit es Musik gibt, denken Menschen auch über deren Ursprung, ihr Wesen und ihren Zweck nach. In der Vergangenheit haben sich viele Musiker, Dichter, Theologen und Philosophen dazu geäußert und die kosmische, ja göttliche Herkunft der Musik bedacht. Andere wiederum sprachen vom besonderen Zauber, der Eigenart sowie der alles verwandelnden Kraft dieser Kunst.

Auch in der Gegenwart, in einer weithin entzauberten und rational verstandenen Welt, bleibt die Musik ein unauslotbares Geheimnis. In ihrer Schönheit zieht sie die Menschen in ihren Bann und verweist auf das, was jenseits der menschlichen Begrenztheit liegt. Sie gibt – wie Bruno Walter meint – »tönende Kunde« vom göttlichen Logos. Und der Theologe und Mozartverehrer Hans Küng sieht in ihr »Spuren der Transzendenz«, also Chiffren des Göttlichen.

In fünf Kapiteln umkreist die vorliegende Sammlung den vielgestaltigen Zauber der Musik. Die Autoren – von E. T. A. Hoffmann, Sören Kierkegaard, Richard Wagner über Hermann Hesse, Bruno Walter, Thomas Mann zu Wolf Biermann, Yehudi Menuhin und Richard von Weizsäcker – nähern sich auf unterschiedlichen Wegen dem Geheimnis der Musik. Sie alle sprechen vom Zauber der Tonkunst, von ihrer geistigen und spirituellen Dimension. Dabei wird das Dämonische, die dunkle Seite der Musik, genauso zur Sprache gebracht wie das Lichte und Geistvolle. Und auch von der Stille, dem Ersterben der Musik und vom Schweigen muß die Rede sein.«»Das Schweigen birgt die größte schöpferische Kraft, die es im Universum gibt«, sagt der im Jahr 2000 verstorbene Jazz-Experte und Musikschriftsteller Joachim-Ernst Berendt. Zu diesem Schweigen gehört auch die »musikalische Meditation« (Emile Michel Cioran), das Nachdenken über diese besondere Kunst.

Ein eigenes Kapitel ist der romantischen Schau der Musik gewidmet. E. T. A. Hoffmann, Clemens Brentano, Wilhelm Heinrich Wackenroder, Ludwig Tieck und viele andere Schriftsteller der Romantik haben die Musik verklärt und mit dem Himmlischen in Verbindung gebracht. Die Tonkunst galt ihnen als die »romantischste aller Künste« (Hoffmann), sie wurde emphatisch als »Land des Glaubens« und als »Sprache der Engel« (Wackenroder) bezeichnet.

In diesem Büchlein soll auch von der Hoffnung die Rede sein, von der Hoffnung auf eine bessere Welt und schließlich ihrer Vollendung. Der Komponist Karlheinz Stockhausen hat 1968 zur musikalischen und politischen Revolution aufgerufen. Auch Leonard Bernstein glaubt an eine Veränderung der Menschen und der Welt durch die Kunst. Am Ende aber steht die Messianische Musik und die Musik des Himmels, wie sie im letzten Buch der Bibel, der Apokalypse, anklingt. Damit wird die Grenze des Menschlichen überschritten; der »Zauber der Musik« verweist auf das, was kommen wird: das Neue Lied, die Neue Schöpfung, auf Utopia, den Anderen Ort und den Nicht-Ort im besten und letztgültigen Sinne.

Michael Fischer

∽ 1 ∾

Nur die Musik gibt
uns endgültige Antworten

NIKOLAUS HARNONCOURT

Eine heilige Sprache

Es muß ein magischer Augenblick gewesen sein, als das erste Lied gesungen wurde, das erste Gedicht gesprochen, das erste Bild gemalt – da kam etwas Neues in die Welt. Nur der Hauch Gottes konnte etwas so Wunderbares und Unvernünftiges wie die Kunst hervorbringen. Die Kunst ist wohl der göttliche Kuß, der den Menschen aus der Schöpfung herausgehoben und eigentlich geschaffen hat.

Kunst braucht Inspiration – das heißt ein »Einhauchen«. Wie schön dieses Bild den Schöpfungsvorgang andeutet – den Hauch muß man fühlen, annehmen, ausarbeiten. Die Kunst ist es, die den Menschen am weitesten aus allen anderen Lebewesen hervorhebt. Sie macht ihn besser (das haben die Künstler von Anfang an so empfunden), sie ist eine Sprache der Liebe, der Gefühle, sie ist ein Spiegel unserer Seele, läßt uns in die dunklen Abgründe unseres Selbst blicken ebenso wie unvorstellbare Seligkeit ahnen.

*

Wir Musiker – ja alle Künstler – haben eine machtvolle, heilige Sprache zu verwalten. Wir müssen alles tun, daß sie nicht verlorengeht im Sog der materialistischen Entwicklung. Es ist nicht mehr viel Zeit, wenn es nicht gar schon zu spät ist, denn die Beschränkung auf das Denken und die Sprache der Vernunft, der Logik, und die Faszination durch die damit erzielten Fortschritte in Wissenschaft und Zivilisation entfernen uns immer weiter von unserem eigentlichen Menschentum. Es ist wohl kein Zufall, daß diese Entfernung mit einer Austrocknung des Religiösen Hand in Hand geht: Die Technokratie, der Materialismus und das Wohlstandsdenken brauchen keine Religion, kennen keine Religion, ja nicht einmal eine Moral.

Die Kunst ist eben keine hübsche Zuwaage – sie ist die Nabelschnur, die uns mit dem Göttlichen verbindet, sie garantiert unser Mensch-Sein, aber nur, solange sie im Zentrum unseres Lebens steht.

*

Zum Abschluß will ich ein Bild, ein Gleichnis sagen: Ich sehe den Menschen, dem Gott in die eine Hand einen Hammer, in die andere eine Geige gelegt hat. Er lebt sehr glücklich, er sieht: Mit dem Hammer kann er seine materiellen Bedürfnisse befriedigen, und er fühlt, daß ihm die Geige eine Welt jenseits der Sprache, jenseits der Logik erschließt, eine Welt, wohin er mit dem Hammer nicht kommen kann – die Geige erst macht ihn zum Menschen. Es gibt aber einen Teufel, der heißt Materialismus, der haßt die Geige; leicht läßt sich der Mensch verführen, der Hammer baut ihm Bequemlichkeit, Luxus, Ordnungssysteme. Er verlernt zu spielen und zu geigen, er vergißt das Gottesgeschenk der Kunst … und am Ende sitzt er zwischen seinen Computern, weiß, wie es auf dem Mars und im Innern eines Atoms aussieht – aber er ist kein Mensch mehr, ohne Geige.

RICHARD VON WEIZSÄCKER

Die Musik spricht in allen Sprachen

Musizieren und Musik zu hören ist schöner, als über Musik zu sprechen. Aber es ist schöner, von Musik als von anderen Themen zu reden.

*

Musik kommt der Erkenntnis dessen, was die Seele ist, am nächsten. Sie erhebt den Menschen über den Vordergrund seiner Erlebnisse, im sakralen Bereich wie im weltlichen Fest. Sie wird laut Herder zur »Offenbarung des Unsichtbaren«. »Da aber«, um Georg Picht zu zitieren, »das Unsichtbare der Raum der Gottheit ist, bleibt die Musik immer noch die Sphäre der unmittelbarsten Begegnung mit dem Göttlichen, von dem auch im profanen Bereich die festliche Musik ihren Glanz, die Tanzmusik ihre hypnotische Macht und die Spielmusik den Zauber entleiht, durch den sie das Spiel der Wirklichkeit entrückt.«

So war es schon in frühgeschichtlichen Kulturen mit der beschwörenden Kraft der Musik. Auch heute geht es um dieselben tiefen Quellen. Es wird nur anders ausgedrückt. Stockhausen sagt, seine Musik diene der Vorbereitung auf die Ankunft von Wesen von anderen Sternen.

Dem inneren Erlebnis der Musik durch den Menschen entspricht ihre Wirkung auf das Zusammenleben, ihre Kraft, Grenzen zu überwinden.

*

Die Musik spricht in allen Sprachen. Das Ohr nimmt die Grenzen nicht wahr, und dabei hört es bei der Musik feiner und genauer als beim gesprochenen Wort. Es ist wie eine Art Pfingstwunder: Bei der Musik hören die Ohren in allen Sprachen.

*

Zum Glück ist Musik eine Kunst, die die Menschen nicht in Prediger und Angepredigte aufteilt. Alle sind beteiligt. Der Schöpfung des Werkes durch den Komponisten folgt die Neuschöpfung durch den Interpreten. Indem er mit seiner Kunst den Hörer selbst dazu bringt, die Resonanz auf die Musik in seinem Inneren zu erzeugen, wird auch dieser auf seine Weise schöpferisch tätig. Das ist die verwandelnde Kraft der Musik. Sie erzeugt und sie bedarf der Wiedergabe, in der sie selbst immer neu entsteht. So lebt die Musik von uns und wir von ihr.

YEHUDI MENUHIN

Musik und ihr Beitrag zur Menschlichkeit

Musik schafft Ordnung aus dem Chaos: denn der Rhythmus bringt das Auseinanderstrebende zur Einmütigkeit, die Melodie setzt das Zusammenhanglose in Zusammenhang, und die Harmonie macht das Unverträgliche verträglich.

So wie das Durcheinander der Ordnung weicht und das lärmende Geräusch der Musik, so wie wir durch die Musik zu größerer, universellerer Ordnung gelangen, die auf Grundbeziehungen geometrischer und mathematischer Proportionen beruht, so wird der bloß reihenden Zeitabfolge eine Richtung gewiesen, der Vermehrung der Elemente eine Kraft und dem zufälligen Nebeneinander eine Zielgerichtetheit.

Es ist kein Wunder, daß die Weisen des Altertums in der Bewegung der Himmelssphären Musik ahnten. So findet die Grundbeziehung des einen zum andern – Mann zu Frau, Yin zu Yang! – ihren hörbaren Ausdruck in der musikalischen Form: Exposition – Reprise – die Form, die allmählich um diesen Keim wächst und einen Inhalt umschließt: die Durchführung.

*

Musik kann eine unmittelbare Offenbarung sein und ist es beinahe auch, da sie nur wenig Deutungsarbeit vom verständigen, willigen Hörer verlangt.

Schallwellen können tiefer in unser Unterbewußtes eindringen und tiefgründiger unsere Empfindungen beeinflussen als alle anderen Sinneseindrücke. Des Menschen letzter Sprung auf dem Weg zu Gott geschieht durch die Musik; sein leidenschaftlicher Überschwang wird letztlich durch Musik ausgelöst, vom Trinklied bis hin zum Tanz.

Mit grauenhaftem Getrommel zieht er in Afrika, mit schmetterndem Blech in den europäischen Zivilisationen in den Krieg. Er verliebt sich bei Musik. Musik dient dem Hirten als Gefährte seiner Einsamkeit oder als Verständigungsmittel mit anderen Hirten, wie sie dem tibetanischen Lama und den Monarchen Englands dient zur Weihe großer öffentlicher Zeremonien. Durch die Musik nehmen wir teil und sind wir Teil aller großen Ereignisse. Durch sie werden wir miteinander verbunden und fühlen gemeinsam die gemeinsamen Sorgen und Freuden.

*

Musik beginnt tatsächlich, wo das Wort endet. Sie ist das einzige Medium, das uns unausweichlich das Meer der Schöpfung und des Daseins ins Gedächtnis zurückruft, jene eine Unendlichkeit, von der wir Teil sind, aber nicht als ein beziehungsloses Bruchstück, das wir ohne Musik wären.

*

Heute, wo der Mensch wie in der Vergangenheit bedroht ist von Ausstoßung und Gefangenschaft in einer Welt, die kommandiert wird von unpersönlichen Dämonen, die wir selbst geschaffen haben, von wirtschaftlichen, mechanischen, sozialen, seelischen Kräften, ist es mehr denn je für sein Dasein geboten, ihm wieder zu einem spontanen, ganzheitlichen Ausdruck seiner selbst zu verhelfen, möglichst aus eigener Kraft, zum Beispiel durch Singen und Tanzen, zu einem Menschsein, das nach seinem eigenen Maß geschaffen ist, das seiner biologischen, seelischen und körperlichen Wesenheit dient, und ihn und seine Gemeinschaft in eine schützende Umgebung wohltätiger Empfindung zu hüllen, wie sie die Seidenraupe in ihrem Kokon besitzt.

Aus diesen Gründen bietet die Musik heute, befreit und spontan, mehr Hoffnungen für die Menschheit als je zuvor.

BRUNO WALTER

Gedanken über das Wesen der Musik

Ich habe von Jugend an geahnt, daß es mit der Musik noch eine andere Bewandtnis als die nur künstlerische haben müsse. Schon damals widerstrebte mir, sie als Kunst den anderen Künsten an die Seite zu stellen. Die Natur bietet dem *bildenden* künstlerischen Talent des Menschen in den sichtbaren Formen und Farben ihrer Reiche Gegenstände und Vorgänge, die durch sein Auge auf seine Seele wirken; aus der Fülle des Sichtbaren springt der mächtige Antrieb zu seiner künstlerischen Darstellung über auf das schaffende Talent. Nichts dem Entsprechendes empfängt der Sinn des Gehörs von der Natur: was sich in ihr an sinnlich Hörbarem ereignet, kann nicht als Antrieb zu künstlerischer Wiedergabe – analog dem Vorgang im Reich des Sichtbaren – auf das Talent eines Hörenden überspringen. So konnte es denn auch nie das sinnlich Hörbare sein – außer in gelegentlichen Sonderfällen, wie Vogelruf und Gewitter in Beethovens Pastorale –, das zum Gegenstand des musikalischen Schaffens wurde. Denn es ist ja nicht das sinnliche Ohr – obgleich es ein seelennäheres Organ ist als das Auge –, dem jenes »innere Wesen der Welt« erklingt, das, gemäß einer tiefen philosophischen Definition, von der Musik dargestellt wird; ein Seelenorgan, das wir mit gutem Recht ein *inneres Ohr* nennen dürfen, empfängt den mächtigen Antrieb zur musikalischen Darstellung, der ihm aus dem inneren Wesen der Schöpfung zuströmt.

So wurde mir aus meinem täglichen Erleben und wachsend tiefem Erfühlen der Musik allmählich immer klarer, daß sie eine Welt für sich sei, fern den andern Künsten, daß der mächtige offenbare Strom unserer Musik aus einem eigensten verborgenen Quellengebiet stamme und sich nähre, das nicht in der realen Welt liegt. Immer erklang mir aus der Musik etwas geheimnisvolles Jenseitiges, das mir tief das Herz bewegte und mit beredter Überzeugungskraft auf einen transzendenten Inhalt hinwies.

Ich spreche hier natürlich von der Musik im allgemeinen, das heißt von der absoluten sowohl, die nichts als Musik ist, wie von der vokalen, die vom Wort beeinflußt wird. Doch nur scheinbar ist die letztere eine gegenständliche darstellende Kunst, deren Aufgabe hauptsächlich etwa in der schildernden Vertonung der Worte bestünde; tatsächlich vermag sie, während sie dem Sinn des Wortes Genüge tut, zugleich ihre volle eigengesetzlich musikalische Macht jenseits des Bereichs des Wortes zu entfalten. Sie nimmt das Wort mit auf ihren Flug durch ihr grenzenloses Eigengebiet, sie wandelt seinen Sinn in Musik, löst ihn in Musik auf, und so ist auch die Vokalmusik, wenigstens in den Werken der großen Meister, voll und ganz Musik. Die Tonkunst, aus kosmischen Ursprüngen stammend, empfing im Laufe ihrer Entwicklung durch das schöpferisch musikalische Genie des Menschen eine Steigerung ihrer Ausdrucksmacht bis ins Menschlich-Persönlichste, so daß Schopenhauer von ihr sagen konnte, sie gälte nichts anderem als »unserm Wohl und Wehe«. Das aber ist – in seinem weitesten Sinn – überhaupt ein Grundthema jedes Menschenlebens, und so erklärt sich die unvergleichlich innige Beziehung des fühlenden Menschen zur Musik daraus, daß er in ihrem mächtigen symphonischen Weltenlaut zugleich sein eigenes Herz vernimmt.

HERMANN HESSE

Aus dem Musikroman »Gertrud«

O Musik! Eine Melodie fällt dir ein, du singst sie ohne Stimme, nur innerlich, durchtränkst dein Wesen mit ihr, sie nimmt von allen deinen Kräften und Bewegungen Besitz – und für Augenblicke, die sie in dir lebt, löscht sie alles Zufällige, Böse, Rohe, Traurige in dir aus, läßt die Welt mitklingen, macht das Schwere leicht und das Starre beflügelt! Das alles kann die Melodie eines Volksliedes tun! Und erst die Harmonie! Schon jeder wohllautende Zusammenklang rein gestimmter Töne, etwa in einem Geläut, sättigt das Gemüt mit Anmut und Genuß, und steigert sich mit jedem hinzuklingenden Ton, und kann zuweilen das Herz entzünden und vor Wonne zittern machen, wie keine andere Wollust es vermag.

Von allen Vorstellungen reiner Seligkeit, die sich Völker und Dichter erträumt haben, schien mir immer die höchste und innigste jene vom Erlauschen der Sphärenharmonie. Daran haben meine tiefsten und goldensten Träume gestreift – einen Herzschlag lang den Bau des Weltalls und die Gesamtheit alles Lebens in ihrer geheimen, eingeborenen Harmonie tönen zu hören. Ach, und wie kann denn das Leben so wirr und verstimmt und verlogen sein, wie kann nur Lüge, Bosheit, Neid und Haß unter Menschen sein, da doch jedes kleinste Lied und jede bescheidenste Musik so deutlich predigt, daß Reinheit, Harmonie und brüderliches Spiel klargestimmter Töne den Himmel öffnet!

RICHARD WAGNER

»Ich weiß, daß mein Erlöser lebt!«

Im neu bekehrten Schweden hörten die Kinder eines Pfarrers am Stromufer einen Nixen zur Harfe singen: »Singe nur immer«, riefen sie ihm zu, »du kannst doch nicht selig werden.« Traurig senkte der Nix Harfe und Haupt: Die Kinder hörten ihn weinen und meldeten das ihrem Vater daheim. Dieser belehrt sie und sendet sie mit guter Botschaft dem Nixen zurück. »Nicker, sei nicht mehr traurig«, rufen sie ihm nun zu, »der Vater läßt dir sagen, du könntest doch noch selig werden.« Da hörten sie die ganze Nacht hindurch vom Flusse her es ertönen und singen, daß nichts Holderes je zu vernehmen war. – Nun hieß uns der Erlöser selbst unser Sehnen, Glauben und Hoffen zu tönen und zu singen. Ihr edelstes Erbe hinterließ uns die christliche Kirche als alles klagende, alles sagende, tönende Seele der christlichen Religion. Den Tempelmauern entschwebt, durfte die heilige Musik jeden Raum der Natur neu belebend durchdringen, der erlösungsbedürftigen Menschheit eine neue Sprache lehrend, in der das Schrankenloseste sich nun mit unmißverständlichster Bestimmtheit aussprechen konnte.

Was aber sagten unsrer heutigen Welt auch die göttlichsten Werke der Tonkunst? Was könnten diese tönenden Offenbarungen aus der erlösenden Traumwelt reinster Erkenntnis einem heutigen Konzertpublikum sagen? Wem das unsägliche Glück vergönnt ist, mit Herz und Geist eine dieser vier letzten Beethovenschen Symphonien rein und fleckenlos von sich aufgenommen zu wissen, stelle sich dagegen etwa vor, von welcher Beschaffenheit eine ganze große Zuhörerschaft sein müßte, die eine wiederum der Beschaffenheit des Werkes selbst wahrhaft entsprechende Wirkung durch eine Anhörung desselben empfangen dürfte: Vielleicht verhülfe ihm zu solch einer Vorstellung die analogische Heranziehung des merkwürdigen Gottesdienstes der Shaker-Sekte in Amerika, deren Mitglieder, nach feierlich und herzlich bestätigtem Gelübde der Entsagung, im Tempel singend und tanzend sich ergehen. Drückt sich hier eine kindliche Freude über wiedergewonnene Unschuld aus, so dürfte uns, die wir die, durch Erkenntnis des Verfalles des menschlichen Geschlechtes errungene Siegesgewißheit des Willens über sich selbst mit unsrem täglichen Speisemahle feiern, das Untertauchen in das Element jener symphonischen Offenbarungen als ein weihevoll reinigender religiöser Akt selbst gelten. Zu göttlicher Entzückung heiter aufsteigende Klage. »Ahnest Du den Schöpfer, Welt?« – so ruft der Dichter, der aus Bedarf der begrifflichen Wortsprache mit einer anthropomorphistischen Metapher ein Unausdrückbares mißverständlich bezeichnen muß. Über alle Denkbarkeit des Begriffes hinaus, offenbart uns aber der tondichterische Seher das Unaussprechbare: Wir ahnen, ja wir fühlen und sehen es, daß auch diese unentrinnbar dünkende Welt des Willens nur ein Zustand ist, vergehend vor dem einen: »Ich weiß, daß mein Erlöser lebt!«

ALFRED DÖBLIN

Die Musik

Musiker

Es spricht sich schwer von ihr. Sie ist, fast scheint mir, eine Brücke zwischen Sein und Nichtsein. – Sie ist auch etwas Unnennbares, Unwirkliches, als irgend etwas anderes Wirkliches. Es läßt sich schwer begreifen, wenn man einen Stein, einen Baumstamm, einen Tierleib sieht, was sein Leben ist – wie dies lebt, was bewirkt, daß es lebt, die Augen öffnet, wächst. An der Musik begreift man es vielleicht. Das formlos Regsame, das Unsichtbare, Durchsichtige, Blasse ist – sie selbst.

Wirklicher, wirksamer ist sie, als etwas Wirkliches. Ein Mensch kann schlafen, erstarren, sterben; sie schwimmt dahin, unablässig wird nimmer etwas als schäumen, schimmern, glimmern. Sie zeigt, was Unsterblichkeit ist.

Kalypso

Ich kann an einer Bildsäule vorübergehen, eine farbige Wand nicht beachten; aber die Musik ist aufdringlicher, sie verlangt mich, sie will. Sie faßt mich bei den Händen und wühlt sich in mein Haar ein. Das Gehör muß ein geselligerer Sinn sein als das Gesicht; kürzer mag der Weg zur Seele sein durch das Ohr als durch das Auge. Und so macht Stille die Einsamkeit einsamer als Leere. Wo Musik ist, erfüllt sie die Gegenwart, daß ein lachendes Bild zur blöden Grimasse wird vor einem Trauergesang; sie kann alles zur Lüge machen und zaubert wahrhaft, daß ich Eifersucht fühle. Sie verdunkelt jede Landschaft, verteilt Gewitter, ist Herrin über Sonne, Mond und Gestirne. Und eine fürstliche Kunst ist sie.

NIKOLAUS HARNONCOURT

Die Macht der Musik

Die Musik – etwas Wunderbares! Allen vernünftigen Überlegungen unzugänglich … Können wird die Musik erklären … ihre Wirkung? Wieso kann die Aneinanderreihung und Übereinanderschichtung von Tönen, Klängen und Rhythmen so ergreifen?

*

Die Musik ist ein Rätsel, ein unerklärbares Geschenk aus einer anderen Welt, eine Sprache des Unsagbaren, die aber manchen letzten Wahrheiten und geheimnisvollen Erlebnissen wohl eher nahekommt als die Sprache der Worte, der Verständigung mit ihrer technischen Präzision und Logik; mit ihrer fast immer schrecklichen Vereinfachung und Folgerichtigkeit; mit ihrer unmenschlichen Klarheit, ihrem oft tödlichen Ja oder Nein.

*

Ist es nicht merkwürdig, daß es keinen einzigen Menschen gibt, der sich mit der verbalen Sprache allein zufriedengibt? Es gibt Wirklichkeiten im Leben, die nur dem Erleben zugänglich sind, nicht der Vernunft, nicht der Sprache: Glück – Freude – Friede – … oder Unglück – Haß – Schmerz. Sie werden durch das »Empfinden« erlebt; Emotion (Bewegung) und Stimmung sind ihr Ausdruck, die Musik ihre Sprache. Es leuchtet mir ein, was manche Philosophen sagen, daß es die Musik – die Kunst ist, die den Menschen zum Menschen macht. Sie ist ein unerklärliches Zaubergeschenk, eine magische Sprache, ein Wunder.

*

Es ist wohl noch etwas hinter den Dingen – wovon wir wissen und doch nicht wissen –, das »Denken des Herzens« schafft uns unbeweisbare Gewißheit, die Musik, die Kunst, das Phantastische, die Offenbarung erzählen uns davon.

Kunst ist immer untrennbar mit Religion verbunden; ohne Religion kann es keine Kunst geben, da bin ich mir ganz sicher.

Auch ein unreligiöser oder atheistischer Künstler ist da kein Gegenbeweis; die wirkliche Kunst nimmt sich, was sie braucht; Inspiration, Intuition, Ideen machen aus dem

Künstler mehr als seine eigene persönliche Armseligkeit, das fühlt jeder, das weiß jeder.

Der Mensch hat wohl zwei grundverschiedene Möglichkeiten zu denken. Er besitzt einmal die Vernunft, die auf logischem Denken beruht; außerdem aber besitzt er noch ein alogisches, phantastisches »Empfindungsdenken«. Pascal, der bedeutende Mathematiker und Denker des 17. Jahrhunderts, stellt dem rationalen Denken, der Vernunft, dem »Geist der Geometrie« wie er es nennt, ein Denken des Herzens, »raison du cœur« oder »esprit de finesse«, einen Geist der Sensibilität gegenüber.

*

Das »Denken des Herzens« ist unvernünftig, phantastisch, unlogisch, seine Gedanken gehen offenbar andere Wege, benützen andere Bahnen unseres Gehirns, sie machen glücklich, ohne es erklären zu können, sie lassen uns Schönheit empfinden, Liebe und auch Haß.

Die Religion ist, vom Standpunkt des logischen Denkens gesehen – ich zitiere sicherheitshalber Pascal –, »unvernünftig und unnatürlich, man bedenke, was die Bergpredigt fordert ...« Das »Denken des Herzens« ist wohl das Vermittlungsorgan der Religion – und die Kunst ist seine Sprache. Weder die Religion noch die Kunst lassen sich vernünftig erklären – darüber können wir dankbar und glücklich sein. Wie jämmerlich enden immer wieder die Versuche, Ratio und Logik in die Sphäre der Liebe und des Mitgefühls, der Phantasie und der Schönheit zu bringen!

LEONARD BERNSTEIN

Musik als Wegweiser

Was haben wir Künstler mit Öl und Wirtschaft, mit Überleben und Ehre zu tun? Die Antwort ist: alles. Unsere Wahrheit, wenn sie vom Herzen kommt, und die Schönheit, die wir aus ihr hervorbringen, sind vielleicht die einzigen wirklichen Wegweiser, die übriggeblieben sind, die einzigen klar sichtbaren Leuchttürme, die einzige Quelle der Erneuerung der Vitalität der menschlichen Weltkulturen. Wo Wirtschaftsleute hadern, können wir heiter sein. Wo Politiker ihre diplomatischen Spiele betreiben, können wir Herz und Hirn bewegen. Wo die Habgierigen raffen, können wir schenken. Unsere Federn, unsere Stimmen, unsere Pinsel, unsere Pas de deux, unsere Worte, unsere Cis' und B's steigen höher empor als die höchste Ölfontäne. Sie können Eigennutz in die Knie zwingen. Sie können uns vor dem moralischen Niedergang bewahren. Vielleicht sind es überhaupt nur die Künstler, die das Mystische mit dem Rationalen versöhnen und darin fortfahren können, die Allgegenwart Gottes der Menschheit vor Augen zu führen.

GÜNTER JENA

Musik verstehen und lieben

Häufig sagen mir Hörer nach einem Konzert: »Ich verstehe nichts von Musik, aber ich liebe sie.« Ich antworte dann gern: »Was ist Ihnen in Ihrem Leben wichtiger, daß Sie jemanden lieben oder daß sie ihn verstehen?« Ich denke, das erste, aber auch das Wichtigste einem Kunstwerk wie einem Menschen gegenüber ist, daß man berührt, daß man fasziniert ist, daß ein Funke überspringt – wie beim Verlieben: unerklärlich zuerst, ja fremd, oft erschreckend. Vor allem Begreifen steht das Ergriffensein.

»Mit nichts kann man ein Kunst-Werk so wenig berühren als mit kritischen Worten: es kommt dabei immer auf mehr oder minder glückliche Mißverständnisse heraus. Die Dinge sind alle nicht so faßbar und sagbar, als man uns meistens glauben machen möchte; die meisten Ereignisse sind unsagbar, vollziehen sich in einem Raume, den nie ein Wort betreten hat, und unsagbarer als alles sind die Kunst-Werke, geheimnisvolle Existenzen, deren Leben neben dem unseren, das vergeht, dauert«, ... und »Kunst-Werke sind von einer unendlichen Einsamkeit und mit nichts so wenig erreichbar als mit Kritik. Nur Liebe kann sie erfassen und halten und kann gerecht sein gegen sie«, schreibt Rainer Maria Rilke in seinen wunderbaren Briefen an den jungen Herrn Kappus.

Aber jedem Liebenden wohnt der Wunsch inne, den Geliebten, Gegenstand oder Mensch kennzulernen, jede Faser von ihm zu erforschen und – »wes das Herz voll ist, des geht der Mund über« – über ihn zu sprechen, auch wenn es nicht mehr als ein Stammeln sein kann. Der Verliebte brennt in dem Wunsch, andere an seinem Glück teilnehmen zu lassen, andere Begeisterung an den Wundern zu erwecken oder zu bestätigen, die er selbst erfahren hat.

HELMUT LACHENMANN

Musik als Abbild vom Menschen

Komponisten sind weder Philosophen noch Prediger. Es gehört nicht zu ihrem unmittelbaren Tätigkeitsbereich, Welt- und Menschenbild, das sie – in Übereinstimmung oder in Konflikt mit ihrer Umgebung – in sich tragen, in

Begriffe zu fassen oder gar zu verkünden. Der Komponist hat es mit klingender Materie zu tun: Diese nimmt er in den Griff, formt er um, ordnet er, mit dieser bildet er Zusammenhänge, schafft er Beziehungsfelder, stiftet er eigene Hierarchien, erfindet er Formen, artikuliert er Zeit.

Indes, um mit Marx zu reden: »Sie wissen es nicht, aber sie tun es.« Und sie tun es um so unmißverständlicher, als sie es nicht wissen. Und in dieser Hinsicht gilt für jeden Komponisten, was Mahler im Glück des sich selbst genügenden Schaffensprozesses schrieb: »Ich komponiere nicht, ich werde komponiert.«

Schließlich bleibt das vom Komponisten Geschaffene nicht bloß unverbindliches akustisches Beobachtungsobjekt. Vielmehr rührt es uns an, ruft Erinnerungen und darüber hinaus Empfindungen in uns ab, greift in unsere Empfindungsgewohnheiten ein und löst über die Abwandlung des Gewohnten gar neue, ungewohnte, manchmal ungeahnte, vielleicht auch unbequeme Empfindungen in uns aus.

Der Komponist hat mit all dem in dem Maß etwas zu tun, als er beim Arbeiten auf jegliche Spekulationen mit solchen Wirkungen verzichtet. Seine Faszination ist die des Materials, seiner Beherrschbarkeit, seine Gestaltbarkeit, seine Umformbarkeit durch die Entdeckung, Verdeutlichung, Entwicklung von Beziehungen, durch Integration der Klangelemente in immer wieder andere Kontexte.

Klänge und Klangbewegung – als Produkte disziplinierter Natur, etwa als regelmäßiger Schwingungsvorgang des gesungenen, daß heißt: vom menschlichen Körper als beherrschtem Instrument hervorgebrachten Tones, so hatten sie einst magische Kraft, waren Medium der Versenkung des Ichs in der Verbindung mit den so beschworenen Göttern. Als Produkten reflektierter Disziplin hingegen, als Objekten des spekulativen Spiels der Vernunft, des Bewußtseins, gibt sich in ihnen nur der menschliche Wille, die menschliche Phantasie, Gestaltungskraft, eben der Mensch als Mittelpunkt des Vorgangs zu erkennen.

Dieser zielt, nun unter Mitwirkung des Gedankens und des Bewußtseins, erneut auf jene magische Vereinigung der äußeren Schwingungen des Klingenden mit den inneren unserer Empfindungen. Aber durch jenen Eingriff der Vernunft und des kreativ spekulierenden Willens hat dieser Vorgang seine Unschuld und seine Unmittelbarkeit verloren: Er gelingt nur noch als dialektischer: die Dissonanz, welche die Konsonanz erst ins Licht rückt – die Bewegung, von wo aus der Zustand der Ruhe erst neu gewonnen und so erkannt wird. Und so wird aus der bewußtlosen Geborgenheit magischer Vereinigung, in der das Ich sich aufgibt, jene abendländische Erfahrung »Kunst«, in der sich das Ich als Individuum, als eigenwilliger Geist zu erkennen gibt, indem es sich in die Ungeborgenheit der Reflexion vorwagt, von dort seine Sehnsucht nach Geborgenheit immer wieder neu beleuchtend.

ALLAN PETTERSSON

Der Seele das Lied

Der Mensch unserer Zeit ist ein kleines Kind, das irgendwo auf dieser Erde verhungert, gerade jetzt, und die Musik unserer Zeit ist das Weinen des Kindes in einer Messe für Aasgeier. Das hat der erwachsene, der verwachsene Mensch aus Fleisch und Speck angerichtet. Man schwätzt viel herum, Äußerlichkeiten, genannt Kulturdebatte, statt sich im Innern, genannt Seele, zu vervollkommnen. Es geht vielleicht um Leben und Tod. Für jeden einzelnen. Das Gewissen meldet die Wahrnehmung, daß ein Engel den Menschen gestreift hat. Aber Engel betatscht man nicht.

Es muß eine neue geistige Mutation im Kulturkörper geben. Er beginnt zu stinken. Der Mensch verfault. Ihm fehlt ein Glaube. Was ist das? Wenn du einen Vogel in deiner Hand gefangen hast und ihm die Flügel ausreißt, liegt eine kleine Kreatur in deiner Hand. Dann weißt du etwas. Fühlst du aber das kleine Herz schlagen und läßt den Vogel fliegen und sein ewig unveränderliches Lied singen, so wird dir ein Glaube gegeben. Der Glaube des Kindes, des Irren, dessen, der nicht zählt.

Die künstlerische Identifikation ist ein Selbstopfer. Die Identifikation mit dem Kleinen, Unansehnlichen, Anonymen, mit dem ewig Unveränderlichen, aber stets Neuen, Frischen. Darin wird dem Menschen das Leben bewahrt.

Das Werk, an dem ich arbeite, ist mein eigenes Leben, das gesegnete, das verfluchte: um den Gesang wiederzufinden, den die Seele einmal sang. Er kam bei den kleinen Menschen auf, die nicht an sich glaubten, Erniedrigte, Weiße wie Schwarze, für die das Leben nur verdammte Pflicht und Schuldigkeit zum Tod war. Trotzdem aber konnten sie so voll Mitgefühl mit anderen sein, die Kraft einer Sehnsucht erfüllte sie mit Glauben, und da brach das Lied heraus, inbrünstig flehend – bis die Welt sie bat, die Schnauze zu halten.

Das Lied wurde von dem verwachsenen Snob gestohlen, schwoll auf ins Banale, erschöpfte sich in krächzenden Salti mortali; ein Schrei, eine Speerspitze im Ohr – und das Pokerface der Zeit sieht dich an in Haß. Wann kommt der Engel, der der Seele das Lied zurückgibt, so einfach und klar, daß ein Kind aufhört zu weinen?

CHARLOTTE SEITHER

Singen gegen den Tod

Singen ist ein lebenslanger Prozeß, der darauf abzielt, den Körper umfassend zu erwecken, d.h. aufzuspüren, was an ihm tot und damit (noch) unfähig ist, sich an dem Wechselspiel all unseres Klingen-Könnens zu beteiligen. Musik zeigt, wo wir den partiellen Tod unserer Möglichkeiten bereits überwunden haben und wo wir noch daran arbeiten müssen, uns wacher, beweglicher, sprachfähiger zu machen: Was tot ist, klingt nicht. Musik ist, im allerbesten Sinne, ein Lebenszeichen: Indem wir sie machen, legen wir den vielleicht eindringlichsten Beweis dafür ab, daß wir leben, daß wir uns regen, atmen, artikulieren, daß wir Schwingung und Bewegung erzeugen können.

Musik ist ein unwi(e)derrufliches Zeugnis. Sie ist eine Zeugenaussage, ein Dokument, eine Gewißheit. In der Musik wird die Zeit für uns spür- und erlebbar. Sie ist ein Gefäß, in dem wir die Zeit an unserem eigenen Körper tragen. Musik zeigt uns, worin sich die Bedingung unserer Endlichkeit (In-der-Zeit-Befindlichkeit) letztlich entfaltet: daß wir ein Geformtes sind aus dem Ungeformten, ein Einmaliges aus dem Niemals-Durchdringlichen, Rippe von Lehm. Musik ist ein beständiges Sich-Wehren. Indem wir sie machen, widersetzen wir uns dem definitiven Verlöschen, der allumfassenden Stille, der ultimativen Aufhebung von Zeit: dem (partiellen) Tod. Im Tod ist jede Möglichkeit der Bewegung aufgehoben. In der Musik zeigen wir, daß wir gegenhalten gegen jene Vielzahl kleiner Tode, die unser Leben immer wieder ärmer, kälter, starrer macht. Tod, die größte aller Stillen, beginnt, wo alles andere aufgehört hat, sich zu regen, wo alle Zeichen zurückgelassen sind und die Bewegung verstummt ist. Tod ist das Unendlich-Anwesende, sich Rahmenlos-Ausdehnende. Tod läßt kein Geformtes, keines unserer Zeichen mehr zu. Im Tod ist alle Individualität aufgehoben. Er ist das Endlos-Umfassende.

HANS HEINRICH EGGEBRECHT

Die Musik als Spiel

Die Macht der Musik gründet in ihrer Wesenheit als Spiel. Die Musik als Spiel macht den Beteiligten zum Mitspieler. Im Akt der ästhetischen Identifikation geschieht die Einswerdung mit dem Spiel. Das ist das Schöne der Musik. Denn die Entführung ins Spiel des Spiels erhebt das Dasein zum Spiel und löscht aus und läßt vergessen, was außerhalb dieser Spielwelt gelegen ist: die Wirklichkeit. Die Ohnmacht der Musik aber gründet in diesem »Außerhalb«, nämlich in der Zuständlichkeit, Erfahrung und Einsicht, daß sich die Wirklichkeit nicht oder nur bedingt und begrenzt und immer nicht unproblematisch in der Weise des Spiels erreichen läßt. Insofern die Musik als Spielwelt nicht Wirklichkeit ist und sein kann, gerät in der Einswerdung mit ihr die Wirklichkeitswelt ins Abseits. Die Spielwelt verdeckt die Wirklichkeit, grenzt sie aus, entaktualisiert sie, tendiert dazu, sie auszuklinken ins Unbewältigte des Vergessens.

Die Macht der Musik als schönes Spiel nenne ich Ästhetisierung, Distanzierung, Entwirklichung. Und die Ohnmacht der Musik benenne ich mit den gleichen Worten: Musik in ihrer Seinsweise als Spiel ästhetisiert, distanziert, entwirklicht.

Das Spiel der Musik ist nicht nur fesselnd als Spiel und sinnvoll im Sinne eines inhärenten Spielsinns, sondern auch geöffnet fürs Inhalts- und Bedeutungsvolle. Es besagt etwas, sei es intentional oder sei es rezeptiv. Dieses Besagen kann alles umfassen, was es gibt: Schönes und Häßliches, Gutes und Böses, Tatsächliches und Imaginäres, Konkretes und Abstraktes, Physisches und Psychisches, Religiöses und Profanes – alles, was es gibt.

Aber alles, worauf die Musik sich einlassen kann und einläßt – sei es mit oder ohne Text oder Überschrift oder Programm und sei es auch das Häßliche, Widrige, Schreckliche –, wird, indem es als Spiel erscheint, ins Schöne des Spiels transformiert, ästhetisiert und entwirklicht. Insofern ist Musik, auch wenn sie noch so sehr die Wirklichkeit meint oder rezeptiv auf sie bezogen wird, immer eine Gegenwelt. Die Zwei-Welten-Perspektive, die zu Beginn des neunzehnten Jahrhunderts – verursacht und getragen von geschichtlich bedingten Impulsen – in der Weise einer als romantisch benannten zentralen Reflexion gleichsam durchbrach, um dann dieses Jahrhundert weiterhin zu beherrschen, kann über alle geschichtliche Romantik hinaus zurückgebunden werden in die Seinsweise der Musik als Gegenwelt zur Wirklichkeit. So gesehen ist alle Musik christlich gefärbt, insofern das Zwei-Welten-Denken einen – freilich ins Ästhetische entkonkretisierten – christreligiösen Hintergrund hat.

Kunst und Leben gehören zusammen, in allen Kulturen und zu allen Zeiten. Und doch sind Musik und Wirklichkeit immer voneinander getrennt. Die gegenweltliche Trennung aufheben zu wollen in Richtung einer Gleichsetzung von Leben und Kunst ist so unmöglich, wie die Musik loszubinden von der Seinsweise als Spiel.

ROBERT SCHNEIDER

Wunder am Ostermorgen

Gewaltig staunte das Kirchenvolk, als plötzlich beim Gloria die Orgel aufbrauset und mit jubelndem Fingerwerk anzeigte, auf welche Weise sich ein Christ über diesen Tag zu freuen habe. Elias spielte eine mächtig ausholende Toccata, die in einem fünfstimmigen Fugato über die Melodie des Kirchenliedes endete. Als er jedoch zum eigentlichen Choral ansetzte, fand sich niemand, der mitsingen wollte. So heftig waren die Bauern erschrocken. Darum erhob Elias selbst die Stimme und begann mit kraftvollem Baß das Gloria zu singen. Als die Minute des Schreckens ausgestanden, wagten einige Stimmen in den Gesang miteinzufallen. Sie mußten aber bald abbrechen, denn die Art dieser Musik verlangte ihren Ohren das alleräußerste ab. Jedoch im Gottesdienst das alleräußerste zu geben, war man in Eschberg nicht gewohnt.

Und Elias jubilierte. Komponierte ein Adagio von so anrührender Zartheit, daß den Bauern die klammkalten Hände plötzlich warm wurden. Figurierte den Choral »Christ lag in Todesbanden« in martialischen Motiven und endigte schließlich mit einem riesenhaften Postludium, welche er über das Metrum von Elsbeths Herzschlagen aufgebaut hatte. Die Bauern verließen das Kirchlein mit hochgestimmter Seele. Die Musik des Organisten machte ihre sturen Gemüter lammfromm, denn eigentümlicherweise verließ niemand die Kirche vor der Zeit. Es entstand auch nicht die leidliche Drängelei beim Weihwasserstock. Einige taten plötzlich ganz ungewöhnlich vornehm, gaben mit wurstigen Händen elegante Zeichen zum Vortritt und mengten in ihren Gruß – man wird es nicht glauben – Worte nach französischem Klang.

∽ 2 ∽

Musikalische Bekenntnisse

JOHANN FRIEDRICH ROCHLITZ

Eine Anekdote aus Mozarts Leben

Das Gespräch über Kirchenmusik war allgemeiner und ernsthafter geworden. Unersetzlicher Schade, sagte einer, daß es so vielen großen Musikern, besonders der vorigen Zeit, ergangen ist, wie den alten Malern; daß sie nämlich ihre ungeheuren Kräfte auf meistens nicht nur unfruchtbare, sondern auch geisttötende Sujets der Kirche wenden mußten. – Ganz umgestimmt und trübe wendete sich Mozart hier zu den andern, und sagte – dem Sinne nach, obschon nicht auf diese Weise: Das ist mir auch einmal wieder so ein Kunstgeschwätz! Bei euch aufgeklärten Protestanten, wie ihr euch nennt, wenn ihr eure Religion im Kopfe habt – kann etwas Wahres darin sein; das weiß ich nicht. Aber bei uns ist das anders. Ihr fühlt gar nicht, was das will: »Agnus Dei, qui tollis peccata mundi, dona nobis pacem« und dergleichen. Aber wenn man von frühester Kindheit, wie ich, in das mystische Heiligtum unsrer Religion eingeführt ist; wenn man da, als man noch nicht wußte, wo man mit seinen dunklen, aber drängenden Gefühlen hinsolle, in voller Inbrunst des Herzens seinen Gottesdienst abwartete, ohne eigentlich zu wissen, was man wollte, und leichter und erhoben daraus wegging, ohne eigentlich zu wissen, was man gehabt habe; wenn man die glücklich pries, die unter dem rührenden *Agnus Dei* hinknieten und das Abendmahl empfingen, und beim Empfang die Musik in sanfter Freude aus dem Herzen der Knienden sprach: »Benedictus qui venit« etc. dann ist's anders. Nun ja, das gehet freilich dann durch das Leben in der Welt verloren: Aber – wenigstens ist's mir so – wenn man nun die tausendmal gehörten Worte nochmals vornimmt, sie in Musik zu setzen, so kommt das alles wieder, und steht vor einem, und bewegt einem die Seele.

ALBERT SCHWEITZER

Seine Werke sind Wahrheit

Was mir Bach ist? Ein Tröster. Er gibt mir den Glauben, daß in der Kunst wie im Leben das wahrhaft Wahre nicht ignoriert und nicht unterdrückt werden kann, auch keiner Menschenhilfe bedarf, sondern sich durch seine eigene Kraft durchsetzt, wenn seine Zeit gekommen. Dieses Glaubens bedürfen wir, um zu leben. Er hatte ihn. So schuf er in kleinen engen Verhältnissen, ohne zu ermüden und zu verzagen, ohne die Welt zu rufen, daß sie von seinen Werken Kenntnis nähme, ohne etwas zu tun, sie der Zukunft zu erhalten, einzig bemüht, das Wahre zu schaffen.

Darum sind seine Werke so groß, und er so groß als seine Werke. Sie predigen uns: stille sein, gesammelt sein.

Und daß der Mensch Bach ein Geheimnis bleibt, daß wir außer seiner Musik nichts von seinem Denken und Fühlen wissen, daß er durch keine Gelehrten- oder Psychologenneugierde entweiht werden kann, ist so schön. Was er war und erlebt hat, steht nur in den Tönen. Es ist das Erleben all derer, die wahrhaft leben: Lebensfreude und Todessehnsucht, unvermittelt eins in einem reinen Willen. Die, welche ihn verstehen, wissen nicht, ob es seine Realistik oder seine Mystik ist, die sie so ergreift.

*

Eine Partitur Bachs ist eine Manifestation jener Urmacht, die sich in den unendlichen ineinanderkreisenden Welten offenbart. Man erbebt vor der Urmacht des Denkens bei ihm mehr als bei Kant und Hegel.

Seine Musik ist ein Phänomen des Unbegreiflich-Realen, wie die Welt überhaupt. Nicht sucht er zum Inhalt die Form, sondern beides entsteht zusammen. Er schafft als Schöpfer. Jede Fuge ist eine Welt. Seine Werke sind Wahrheit.

RICHARD WAGNER

Die erlösendste Kunst

Hören Sie meinen Glauben: Die Musik kann nie und in keiner Verbindung, die sie eingeht, aufhören, die höchste, die erlösendste Kunst zu sein. Es ist ihr Wesen, daß, was alle andern Künste nur andeuten, durch sie und in ihr zur unbezweifeltsten Gewißheit, zur allerunmittelbarst bestimmenden Wahrheit wird.

SÖREN KIERKEGAARD

Bekenntnis zu Mozart I

Mit seinem *Don Juan* tritt Mozart in die kleine unsterbliche Schar jener Männer ein, deren Namen, deren Werke die Zeit nicht vergessen wird, da die Ewigkeit sich ihrer erinnert. Und obwohl es, wenn man erst einmal hier eintrat, gleichgültig ist, ob man zuoberst steht oder zuunterst, weil man in gewissem Sinne gleich hoch steht, da man unendlich hoch steht, obwohl es ebenso kindisch ist, hier um den obersten oder untersten Platz zu streiten wie bei einer Konfirmation um den Platz vor dem Altar, so bin ich doch noch allzusehr ein Kind, oder besser, ich bin wie ein junges Mädchen in Mozart verliebt und muß ihn obenan stehen haben, koste es, was es wolle. Und ich will zum Küster und zum Pfarrer, zum Probst und zum Bischof und zum ganzen Konsistorium laufen, und ich will sie anflehen und beschwören, sie möchten meine Bitte erfüllen, und ich will die ganze Gemeinde um dasselbe anrufen, und will man meine Bitte nicht erhören, meinen kindischen Wunsch nicht erfüllen, so trete ich aus der Gesellschaft aus, so separiere ich mich von ihrem Gedankengang, so bilde ich eine

Sekte, die Mozart nicht allein obenan setzt, sondern gar keinen anderen hat als Mozart; und Mozart will ich um Verzeihung bitten, daß seine Musik mich nicht zu großen Taten begeistert, sondern mich zu einem Narren gemacht hat, der über ihm das bißchen Verstand verlor, das er besaß, und sich jetzt zumeist in stiller Wehmut die Zeit damit vertreibt, vor sich hinzusummen, was er nicht versteht, der gleich einem Gespenst Tag und Nacht um das herumschleicht, in das er nicht hineinkommen kann.

Unsterblicher Mozart! Du, dem ich alles verdanke, dem ich verdanke, daß ich den Verstand verlor, daß meine Seele erstaunte, daß ich in meinem innersten Wesen mich entsetzte, du, dem ich es danke, daß ich nicht gestorben bin, ohne geliebt zu haben, mag meine Liebe auch unglücklich gewesen sein. Was Wunder da, wenn ich eifersüchtiger auf seine Verherrlichung bin als auf den glücklichsten Augenblick meines eigenen Lebens, eifersüchtiger auf seine Unsterblichkeit als auf mein eigenes Dasein. Ja, wenn er fortgenommen, wenn sein Name ausgetilgt würde, so würde der einzige Pfeiler umgestoßen, der es bisher verhindert hat, daß alles für mich zusammenstürzte in einem grenzenlosen Chaos, in einem furchtbaren Nichts.

*

Was Mozarts Musik betrifft, so kennt meine Seele keine Furcht, mein Vertrauen keine Grenzen. Einmal ist nämlich das, was ich bisher verstanden habe, nur sehr wenig, und es bleibt immer noch genug zurück, was in den Schatten der Ahnung sich verbirgt, zum andern bin ich überzeugt, daß, würde Mozart mir je ganz begreiflich, er mir erst vollkommen unbegreiflich sein würde.

RICHARD WAGNER

Religion und Kunst

Man könnte sagen, daß da, wo die Religion künstlich wird, der Kunst es vorbehalten sei, den Kern der Religion zu retten, indem sie die mythischen Symbole, welche die erstere im eigentlichen Sinne als wahr geglaubt wissen will, ihrem sinnbildlichen Werte nach erfaßt, um durch ideale Darstellung derselben die in ihnen verborgene tiefe Wahrheit erkennen zu lassen. Während dem Priester alles daran liegt, die religiösen Allegorien für tatsächliche Wahrheiten angesehen zu wissen, kommt es dagegen dem Künstler hierauf ganz und gar nicht an, da er offen und frei sein Werk als eine Erfindung ausgibt. Die Religion lebt aber nur noch künstlich, wann sie zu immer weiterem Ausbau ihrer dogmatischen Symbole sich genötigt findet und somit das Eine, Wahre, Göttliche in ihr durch wachsende Anhäufung von dem Glauben empfohlenen Unglaublichkeiten verdeckt. Im Gefühle hiervon suchte sie daher von je die Mithilfe der Kunst, welche so lange zu ihrer eigenen höheren Entfaltung unfähig blieb, als sie jene vorgebliche reale Wahrhaftigkeit des Symbols durch Hervorbringung fetischartiger Götzenbilder für die sinnliche Anbetung vorführen sollte, dagegen nun die Kunst erst dann ihre wahre Aufgabe erfüllte, als sie durch ideale Darstellung des allegorischen Bildes zur Erfassung des inneren Kernes derselben, der unaussprechlich göttlichen Wahrheit, hinleitete.

*

Nur ihre endliche volle Trennung von der verfallenden Kirche vermochte der Tonkunst das edelste Erbe des christlichen Gedankens in seiner außerweltlich neugestaltenden Reinheit zu erhalten.

STEFAN ZWEIG

Große Musik

Es ist schon dunkel im völlig leeren Kircheninnern, als wir eintreten, und wir machen kein Licht. Nur über der Klaviatur der Orgel wird eine einzige kleine Birne aufgedreht. Sie leuchtet nur Schweitzers Hände an, die jetzt über die Tasten zu gehen beginnen, und das niedergebeugte sinnende Gesicht erhält von den Reflexen ungewissen magischen Widerschein. Und nun spielt Albert Schweitzer uns allein in der leeren nachtschwarzen Kirche seinen geliebten Johann Sebastian Bach: unvergleichliches Erlebnis! Ich habe ihn, diesen Meister, der alle Virtuosen beschämt, schon früher mit tausend anderen zugleich in München in einem Orgelkonzert spielen gehört; es geschah vielleicht im technischen Sinne nicht minder vollendet. Aber doch, nie habe ich die metaphysische Gewalt Johann Sebastian Bachs so stark empfunden wie hier in einer protestantischen Kirche, erweckt durch einen wahrhaft religiösen Menschen und von ihm mit der äußersten Hingabe gestaltet. Wie träumend und doch zugleich mit wissender Präzision gehen die Finger über die weißen Tasten im Dunkel, und gleichzeitig hebt sich wie eine menschliche, übermenschliche Stimme aus dem bewegten riesigen Brustkorb des Orgelholzes der gestaltete Klang. Großartig ordnungshaft und inmitten äußersten Überschwanges fühlt man die Vollkommenheit der Fuge so unabänderlich beständig wie vormittags das Straßburger Münster in seinem Stein, so ekstatisch und leuchtkräftig wie die Tafel des Matthias Grünewald, deren Farben einem noch warm unter den Lidern brennen. Schweitzer spielt uns die Adventskantate, einen Choral, und dann in freier Phantasie; leise und geheimnisvoll füllt sich das schwarze Gehäuse der Kirche mit großer Musik und zugleich die eigene innere Brust.

HERMANN HESSE

Eine unentbehrliche Kunst

Mein Verhältnis zur Musik ist, wie Sie vermuten, ein unmittelbares. Ich selber mache keine Musik, nur daß ich viel singe und pfeife. Aber ich brauche stets Musik, und sie ist die einzige Kunst, die ich bedingungslos bewundre und für absolut unentbehrlich halte, was ich von keiner andern sagen möchte.

*

Eine wunderbare Quelle der Erneuerung haben Sie ja noch in der Musik! Wer Musik liebt und innig versteht, für den hat die Welt eine Provinz, ja eine Dimension mehr! Für mich ist die Musik, obenan Mozart, neben dem Sehen von Farben der höchste Genuß.

KARL BARTH

Bekenntnis zu Mozart II

Ein kurzes »Bekenntnis zu Mozart« soll ich ablegen? Ein »Bekenntnis« zu einem Menschen und seinem Werk ist eine persönliche Sache. So bin ich froh, persönlich reden zu dürfen. Musiker oder Musikwissenschaftler bin ich ja nicht. Aber zu Mozart bekennen kann und muß ich mich wohl. Meine erste Begegnung mit großer Musik – ich muß damals etwa fünf oder sechs Jahre alt gewesen sein – war meine Begegnung mit Mozart. Es handelte sich – ich sehe die Situation noch vor mir – um ein paar Takte aus der *Zauberflöte* (»Tamino mein, o welch ein Glück ...!«), von meinem Vater auf dem Klavier angeschlagen. Sie gingen mir »durch und durch«. Ich bin dann älter und schließlich alt geworden. Ich habe noch viel mehr und ganz anderes von Mozart gehört. Er wurde mir je länger je mehr zu einer Konstante meines Daseins. Man hat mich schon gefragt, ob ich nicht von meiner theologischen Richtung her auf dem Feld der Musik ganz andere Meister entdeckt haben müßte. Ich habe zu bekennen (wie jene Indianer am Orinoco, von deren erster Begegnung mit europäischer Musik man neulich las): Nein, es handelt sich um diesen und keinen anderen. Ich habe zu bekennen, daß ich (dank der nicht genug zu preisenden Erfindung des Grammophons) seit Jahren und Jahren jeden Morgen zunächst Mozart höre und mich dann erst (von der Tageszeitung nicht zu reden) der Dogmatik zuwende. Ich habe sogar zu bekennen, daß ich, wenn ich je in den Himmel kommen sollte, mich dort zunächst nach Mozart und dann erst nach Augustin und Thomas, nach Luther, Calvin und Schleiermacher erkundigen würde. Aber wie soll ich mich darüber erklären? In ein paar Worten vielleicht so: Zum täglichen Brot gehört auch das Spielen. Ich höre Mozart – den jüngeren und den älteren Mozart, und so nur ihn – spielen. Spielen ist aber ein Ding, das gekonnt sein will, und insofern eine hohe und strenge Sache. Ich höre in Mozart eine Kunst des Spielens, die ich so bei keinem anderen wahrnehme. Schönes Spielen setzt voraus: ein kindliches Wissen um die Mitte – weil um den Anfang und um das Ende – aller Dinge. Ich höre Mozart aus dieser Mitte heraus, von diesem Anfang und Ende her musizieren. Ich höre die Begrenzung, die er sich auferlegte, weil gerade sie ihn erfreute. Sie erfreut, sie ermutigt, sie tröstet auch mich, wenn ich ihn höre. Gegen keinen von den anderen soll damit auch nur ein Wort gesagt sein. Nur eben dies: daß ich mich in diesem Sinn nur zu Mozart bekennen kann.

THOMAS MANN

Bekenntnis zur Musik in dunkler Zeit

Zum 50jährigen Dirigenten-Jubiläum
Bruno Walters (16. 11. 1944)

Groß ist das Geheimnis der Musik, – sie ist ohne Zweifel die tiefsinnigste, philosophisch alarmierendste, durch ihre sinnlich-übersinnliche Natur, durch die erstaunliche Verbindung, die Strenge und Traum, Sittlichkeit und Zauber, Vernunft und Gefühl, Tag und Nacht in ihr eingehen, die faszinierendste Erscheinung der Kultur und Humanität. Von jung auf habe ich dem Rätsel ihres Wesens nachgegangen, sie belauscht, sie zu ergründen gesucht, bin als Schriftsteller ihren Spuren gefolgt, habe unwillkürlich ihrer Wirkungsart Einfluß auf mein eigenes Bilden und Bauen gewährt und war immer glücklich, wenn Adepten und Meister dieser wunderbaren Kunst ein affinitives Gefallen an meiner Arbeit fanden. Auch habe ich früh, aus bewundernder Neugier, den Umgang mit Musikern gesucht, was manchmal zu Enttäuschungen und Ernüchterungen geführt, in einzelnen Fällen mir aber reichen und denkwürdigen Lebensgewinn gebracht hat; und diese Zeilen schreibe ich zu Ehren einer Freundschaft, die schon länger als ein Menschenalter dauert, die ein Jahrzehnt lang gute und mitteilsame Nachbarschaft war in einem Villen-Vorort von München und heute politische Schicksalsgemeinschaft ist, gemeinsames Leiden – nicht sowohl an unserem Geschick, denn beiden ist uns die Fremde hold und gütig, – als an dem schuldhaft dunklen Lose des Landes, das wir geflohen haben, Deutschlands, des Landes der höchsten Musik, dieses gründlich zweideutigen Landes, das zu einer eindeutigen Bedrohung der Christenheit, von Freiheit und Menschenrecht geworden war und erdrückende Abwehrkräfte einer empörten Menschheit gegen sich wachgerufen hat ...

*

Die abendländische Menschheit, der deutsche Geist voran, hat in den letzten Jahrzehnten, enttäuscht von der Vernunft, in die sie ein übergläubiges Vertrauen gesetzt, den unteren Mächten, dem Irrationalen, Dämonischen, in einer Art üppiger Verzweiflung, einen übertriebenen und einseitigen Kultus geweiht. In der Widervernunft sah sie das Leben, gegen den Geist glaubte sie diese verteidigen zu müssen, und es ist ihr darüber der Begriff der Humanität abhanden gekommen, der niemals eines besagt oder das andere, sondern sich nur im Mysterium der Ganzheit erfüllt. Unter entsetzlichen Leiden trachtet sie ihn wieder und neu zu gewinnen, diesen religiösen Begriff; leidenschaftliche Hoffnung auf eine bessere, gerechtere Welt – gerechter in jedem Sinn, auch in dem glücklicherer menschlicher Ausgewogenheit – hat von ihr Besitz ergriffen: Hoffnung auf die Erreichung einer höheren Stufe ihrer sozialen Reife, Hoffnung auf ein Menschentum, das die dämonischen Mächte heiligend in ihr Wissen, ihre Andacht aufnimmt und sie der Kultur dienstbar macht, Hoffnung auf Harmonie. Es ist kein Wunder, daß so viele Herzen sich heute inniger und begieriger als sonst dem Mysterium zuwenden, und daß zugleich das Problem die Erziehung die Gedanken beschäftigt, die Diskussion beherrscht.

KARLHEINZ STOCKHAUSEN

Neunzehnhundertachtundsechzig

Wieder revolutionieren wir. Auf der ganzen Erde aber diesmal. Setzen jetzt das höchstmögliche Ziel: ein Bewußtwerden, daß die ganze Menschheit auf dem Spiel steht.

*

Musik sollte nicht nur ein Wellenbad für Körpermassage, klingendes Psychogramm, Denkprogramm in Tönen sein, sondern vor allem klanggewordener Strom der überbewußten kosmischen Elektrizität.

Die allermeisten Musiker, die heute Musik ausüben, handeln automatisch, unbewußt, und sie haben die Begeisterung verloren, die sie vielleicht einmal in früher Jugend für kurze Zeit hatten, als sie sich entschlossen, den Beruf eines Musikers zu wählen. Wir müssen von Grund auf neu beginnen und diese ursprüngliche Begeisterung in uns wieder wecken, oder aber den Beruf des Musikers aufgeben. Deshalb sollte man alle Orchester, alle Chöre für längere Zeit auflösen und jedem Musiker Gelegenheit geben und Zeit lassen, in sich zu gehen, zu meditieren, herauszufinden, wofür er überhaupt lebt, wozu er Musik macht, ob er überhaupt Musik machen *muß*.

*

Diejenigen, die Musiker sein wollen, ihrer höheren Stimme folgend, müssen mit einfachsten Übungen der Meditation beginnen, zunächst allein für sich: »Spiele einen Ton mit der Gewißheit, daß Du beliebig viel Zeit und Raum hast« und so weiter. Zunächst müssen sie aber Bewußtsein erlangen, wofür sie leben, wofür wir alle leben: um höheres Leben zu erlangen und die Schwingungen des Universums in unsere einzelne menschliche Existenz eindringen zu lassen. Und die Musiker müssen für den in uns noch verborgenen höheren Menschen die Ankunft vorbereiten: den ganzen Körper bis in seine kleinsten Bestandteile hinab so in Schwingungen versetzten, daß alles locker und empfänglich für die Schwingungen des höchsten Bewußtseins wird.

*

Uns Musikern ist große Macht gegeben, mit Tönen in anderen Menschen das Feuer der Sehnsucht anzuzünden, höher über sich hinauszusteigen. Mißbrauchen wir diese Macht nicht! Es geht nicht nur darum, daß einzelne Musiker sich in die höchsten Höhen schwingen, sondern daß das Schwingungsfeld um sie herum so stark, so überelektrisch wird, daß jeder in Mitschwingung gerät, der in dieses Feld kommt.

Nehmen wir also an der großen Revolution der Menschheit teil, denn wir wissen, was wir wollen. Es lohnt sich, das Leben einzusetzen, wenn es ums Ganze geht. Ja!

HANS URS VON BALTHASAR

Bekenntnis zu Mozart III

Während wir an der Stirn aller Beethovenschen Musik immer die Schweißtropfen spüren, die sie ihren Erfinder gekostet hat, und an der Bachschen wenigstens die Arbeit, die hinter so viel Tektonik, so viel Zyklopengemäuer stehen muß, scheint das ungeheure Werk Mozarts ohne jede Anstrengung entstanden, schon als ein vollkommenes Kind auf die Welt gebracht und ohne jede Störung zur Reife herangewachsen zu sein. Eine Phantasmagorie aus der paradiesischen Urzeit – bevor der Mensch dem Fluch verfiel, »im Schweiße seines Angesichts sein Brot zu essen und in Mühsal den Dornenboden zu ackern und in Schmerzen zu gebären«? Und soll dieses Ausnahmewesen gar noch mit Christentum zu tun haben, worin sich der Fluch des Leidens doch nur auflöst durch das tiefere Segensleid Gottes? Aber sind wir, christlich wie weltlich betrachtet, nicht unterwegs zwischen »Paradies« und »Himmel«, stammen wir nicht aus Gott und gehen zu Gott, durch alle Wasser und Feuer von Zeit, Schmerz und

Tod hindurch? Und warum sollen wir uns nicht mit der *Zauberflöte* einer ungeheuren Ahnung von Liebe, Licht und Herrlichkeit, von ewiger Wahrheit und Harmonie durch alle Dissonanzen des Daseins leiten lassen? Gibt es eine bessere, ja überhaupt eine andere Art, den Adel unserer Gotteskindschaft zu bekunden als diese stete Vergegenwärtigung, woher wir sind und wohin wir streben? Alle, die der Menschheit als Vorbild galten, haben es so zu halten versucht, und zunächst Derjenige, der sich als Sohn des Vaters wußte, der allzeit dessen Antlitz vor Augen hatte und dessen Willen vollbrachte. Mozart will schaffend und lebend sein Jünger sein, und er dient damit, daß er den Triumphgesang der ungefallenen und wiederauferstandenen Schöpfung hörbar macht, in dem (wie die Christen es vom Himmel glauben) Leid und Schuld nicht als ferne Erinnerung, als »Vergangenheit« vertreten sind, sondern als – überwundene, verziehene, durchklärte Gegenwart.

LEONARD BERNSTEIN

Woran ich glaube

Ich glaube an den Menschen. Ich empfinde, liebe, brauche und schätze den Menschen mehr als alles andere, mehr als Kunst, als Naturschönheiten, als organisierte Frömmigkeit oder nationalistische Bündnisgebilde.

*

Ich glaube an die Möglichkeiten der Menschen. Ich kann nicht tatenlos zusehen, wenn jemand im Namen der »menschlichen Natur« resigniert aufgibt. Menschliche Natur ist nichts als tierische Natur, wenn sie unabänderbar ist. *Menschliche* Natur beinhaltet unter den Elementen, aus denen sie besteht, auch das Element der Verwandlungsfähigkeit. Ohne Wachstum gibt es keine Gottheit. Sobald wir glauben, daß der Mensch niemals eine Gesellschaft ohne Krieg zuwege bringen wird, sind wir auf ewig zum Kriegführen verurteilt. Das ist zweifellos der leichtere Weg. Aber der mühselige, von Liebe erfüllte Weg, der Weg der Würde und der Göttlichkeit, setzt einen Glauben an den Menschen voraus, an seine Fähigkeit, sich zu ändern, zu wachsen, sich mitzuteilen und zu lieben.

Ich glaube an das Unbewußte im Menschen, an diesen tiefen Quell, der der Ursprung seiner Macht ist, sich mitzuteilen und zu lieben. Für mich ist alle Kunst eine Kombination dieser beiden Mächte; Kunst gilt mir nichts, wenn sie nicht imstande ist, auf der Ebene des Unbewußten eine Verbindung zwischen dem, der das Kunstwerk schuf, und dem, der es wahrnimmt, herzustellen. Wir können sagen, die Liebe sei die innigste und tiefste Art zweier Menschen, sich einander mitzuteilen. Die Kunst vermag diese Mitteilungsform auszuweiten, zu vergrößern und auf eine weit größere Zahl von Menschen zu erstrecken.

*

Wir müssen fest, fester als zuvor, aneinander glauben – an unser Vermögen, zu wachsen und uns zu ändern. An unsere Macht, uns mitzuteilen und zu lieben. An unsere wechselseitige Menschenwürde. Wir müssen Gefallen daran finden, unsere Kümmernisse, unsere Erfolge, unsere Leidenschaften nicht bis zur Neige auszukosten. Durch die Kunst müssen wir uns selbst besser kennenlernen. Wir müssen uns mehr auf die unbewußten Kräfte im Menschen verlassen. Wir dürfen nicht Sklaven von Dogmen werden. Wir müssen an die Machbarkeit des Guten glauben. Wir müssen an den Menschen glauben.

WOLF BIERMANN

»Ich! Ich! Ich!
Ich hatte viel Bekümmernis«

Bachs Kantate Nr. 21: Was ist das? Es ist ein Stück Musik, strukturiert wie die Reklame mit dem Vorher und Nachher: Vorher hatte ich eine Glatze, nachher wuchsen mir wieder die Haare. Das Mittelchen kann eine Salbe sein oder eine Illusion, ein fester Glaube oder irgendeine andere Lebenslüge. Das Modell ist das gleiche: Erst ging's mir sauschlecht – nun geht's mir wieder gut. Oder so: Ich erstickte in Gewissensnöten, nun bin ich wieder im reinen mit mir. Oder so: Ich glaubte weder an Gott noch an die Menschen, noch an mich selbst. Nun glaube ich wieder. Oder so: Ich wußte nicht mehr weiter, jetzt kann ich wieder. Durch Nacht zum Licht – vom Regen in die Sonne – vom Schlechten zum Guten. Erst kaputt, nun wieder heile – so simpel ist die Mach-Art der Kantate No. 21. Gemacht allerdings ist diese Art mit höchster Raffinesse: Bach. Ich weiß womöglich selber nicht wirklich, was mich dermaßen begeistert an dieser Kantate. Ist es die Musik, oder sind es die Worte? Sagen wir erst mal so: Es sind diese Worte, eingegossen in diese Musik. Aber das ist halt auch nur ein Wort.

*

Aber die Liebe, die richtige große Musik-Liebe? Ich liebe eigentlich nur Bach. Ich liebe erstens den Bach, zweitens Bach, drittens Bach – na und Bach! Und ich meine damit nicht die ganze bucklige Verwandtschaft im Stammbaum dieses Genies, ich meine nur den einen, den Alten. Und das geb' ich zu: Es gibt originellere Neigungen.

Vom unendlichen Bach wiederum liebe ich eigentlich seine Kantate Nr. 21: »Ich hatte viel Bekümmernis.« Dies Stück ist meins. Ich habe es mir rausgerissen. Reingezogen habe ich es mir immer wieder und in sehr verschiedenen Lebenslagen. Ihnen, meine Dame, gehörte es vielleicht auch, aber anders.

Warum ich es so sehr liebe? Warum, warum! Dämliche Frage! Seit wann braucht Liebe Gründe. Und Liebe will auch gar keine nahrhaften Begründungen zugefüttert kriegen. »Ich liebe dich, weil …« In diesem Satz lauert schon der Tod. Wie Gift wirken die allerbesten Vernunftsgründe. Und weil wir's im Grunde alle selber, wenn auch abgestumpft erfahren haben, gefällt uns der scharf formulierte Satz von Blaise Pascale. Er schrieb: »Le cœur a ses raisons que la raison ne connait point.« Zu deutsch: »Das Herz hat seine Vernunftsgründe, die der Verstand gar nicht versteht.« Soweit vom Herzen, und genug damit.

HANS WERNER HENZE

Bekenntnis zu Mozart IV

Ein Gedanke an Mozart: Kann man das Unbegreifliche mit Worten berühren? Muß nicht alles Reden verstummen vor diesem höchsten und erhabenen Klang, der ein Etwas hat, das sich in dem Maße verflüchtet und zurückzieht, wie man glaubt, sich ihm zu nähern?

Da gibt es nichts zu deuten, nichts zu erklären, und es scheint selbst schwierig, überhaupt zu beschreiben, worin dieser einfachste und anspruchsvollste Charme beruht, der die Welt nun schon seit zwei Jahrhunderten verzaubert.

Der herabgestiegene Gott. Apollo. Hier ist die Reinheit, das Geglückte. Hier ist die reine Begeisterung des Geistes, die Überwindung der Schwerkraft. Nicht Revolutionäres: Alles Vorhandene wurde mit leichter Hand entfremdet und erhöht. In seinem zeitlich so begrenzten Aufenthalt auf dieser Erde hat er die steifen zerebralen Mechanismen, die Sprachmittel seiner Epoche, bis zum Zerbrechen gespannt und ihrem Ende nahegebracht, mit den feinsten, herbsten, tiefsten und höchsten Klängen, die ein menschliches Ohr vernommen hat, dem Leichtesten und Schwermütigsten – mit dem schweren, nachtstückehaften, süßen Wohllaut der Bläsersätze, mit unendlich feinem Muskelspiel der Streicher, den vollkommensten Vokalensembles, mit hellen triumphierenden Trompeten und Pauken.

Was triumphiert? Das Leben über den Tod? Der Tod über das Leben? Es ist der antike Triumph der Schönheit über das Unzulängliche, da das Unerreichbare erreichbar wurde, Vollkommenheit sich über das Leben erhebt mit dem Flügelschlag des apollinischen Todes. Die Form berauscht sich an sich selbst: Das Menschlichste, Humanste, was die Musik hervorgebracht hat, wie man sagt, wird von Schwäche, dem Menschlichen an sich, niemals berührt: Da, wo es scheint, daß Menschliches vorgeht, ist es doch wieder die Form an sich, die Musik selber, die den Rausch empfängt, die das Menschliche auffängt, abfängt, abrückt in die schönste Erhöhung, in die glücklichste Form – und vielleicht ist es gerade deswegen, daß so viel Freude sich ausbreitet, weil diese Musik gegen das Sterbliche so ganz abgeschirmt, weil sie die Entrückung selbst ist.

JOACHIM-ERNST BERENDT

Woran ich glaube

Was antworte ich? Die ersten vier Worte sind klar: Ich glaube an Gott. Aber dann beginnen die Fragen: »Wer Gott hat, braucht keine Religionen.« Wer hat das gesagt? Aurobindo? Krishnamurti? Christus brauchte keine Religion.

Habe ich Gott? Hat man Gott wie einen Besitz? Wie Geld? Wie eine Sache? Hat er nicht uns? Also: Hat er mich?

Ich bin protestantisch aufgewachsen – mit der Hypothek des evangelischen Pfarrhauses: Neues und Altes Testament – Luther – Paul Gerhardt – jeden Sonntag eine Kantate von Johann Sebastian Bach. Noch heute. Heute wieder.

Früh habe ich begonnen, die Hypothek abzuschütteln. Als junger, protestgeladener Mann glaubte ich, es sei mir gelungen. Heute ist aus der Last ein Schatz geworden. Ich möchte ihn nicht mehr missen.

Andere Schätze sind hinzugekommen: Zen – Buddha – Brahmanisches – Indisches – Tantra – Tibet – Indianisches – heutige Meister: Krishnamurti, Osho, Rajneesh, Ammaji, Gurumai, Pir Vilayat Khan ... Wenn ich bei einem von ihnen meditiere, dann empfinde ich die Frage, woran ich glaube, als »vorbeigefragt«.

*

Ich glaube an einen erfahrbaren und erfahrenen Gott. Aber ich kann den Gott, den ich meine, nicht beschreiben, denn ich weiß, daß er alle Beschreibungen und Worte überschreitet. Aber ich weiß auch, daß ich Erfahrungen habe, in denen ich Gott nahe bin – ja, »eins« bin mit Ihm – in denen ich Seine Stimme höre – was schon alles zuviel gesagt ist. Wie beschreibe ich es? Das *Braham* – das *Atman* – das Höhere Selbst – den Buddha-Geist – den *Logos* – das Göttliche Licht – das »Ungeborene« des Zen – den »Christus in mir« ... Deshalb gibt es so viele Ausdrücke dafür, weil Menschen aller Kulturen und Zeiten – unabhängig von ihrer Religion – diese Erfahrung gemacht haben. Freilich muß man bereit sein. Ich werde das am besten in der Meditation: stille werden – immer noch »hörender« werden, damit ich die Stimme »er-hören« kann. Denn es ist mit dieser Stimme wie mit menschlichen: Wenn sie zu einem spricht und man hört nicht auf sie, dann hört sie auf zu sprechen.

Ich bin sicher: Gott ist in mir. Und in dir. In uns allen. Im Universum. Im Kosmos. Im Atomkern. In jedem Elektron. In der *Gaia,* der Erde. In jeder Pflanze – jeder Blüte – jeder Frucht – in jedem Samenkorn – in jedem Ton, in Klang und Musik ...

*

Fast alle großen Komponisten sind tief spirituelle Menschen – von Claudio Monteverdi und Johann Sebastian Bach bis Mahler, Schönberg, Webern, Alban Berg, Messiaen, Ligeti und darüber hinaus. Spiritualität ist die wichtigste Triebkraft in der Musik innerhalb und außerhalb des Abendlandes – so wichtig wie außer ihr nur noch die Liebe. Ja, wenn man die beiden gegeneinander abwiegt, ist zu erkennen: Das Erahnen der Transzendenz, der Glaube an Gott, sein Lob und seine Verehrung haben noch mehr große musikalische Werke motiviert als die Liebe.

TILMAN MOSER

Gottesvergiftung

Ich versuche in den letzten Tagen, die Lieder zu verstehen, in denen du hast dich preisen oder anflehen lassen, als ich jung war. Länger als eine knappe Stunde kann ich nicht im Gesangbuch lesen, sonst werde ich so traurig und verwirrt, daß ich hinauslaufen muß.

Und ich merke beim Lesen deiner Lieder, wie tief mich manche der Texte und Melodien berührt haben. Ich habe beim Lesen immer noch den halb unterirdischen Schulsaal für unsere Gottesdienste vor Augen, erlebe von neuem das Sektengefühl, diesen Geschmack auf der Zunge, daß wir nur geduldet sind von den Andersgläubigen, die im Dorf den erfolgreicheren Gott haben, und wie ich dann im Schulsaal den eigenen Gott aufgebläht habe, mich ins Rühmen verstieg, eine imaginäre Beruhigung und Befriedigung beim gemeinsamen Singen und Beten suchte.

*

Die Traurigkeit beim Lesen in deinem Gesangbuch ist eine Mischung aus Ohnmacht, Resignation, Wertlosigkeit. Von dir geht eine Lähmung aller Initiative aus, ein Gefühl von Vergeblichkeit allen irdischen Tuns. Ich höre wieder die schrillen Stimmen älterer Frauen, die versuchen, beim Singen der Choräle in eine kleine Ekstase zu geraten, zumindest aber in das Gefühl, weggetragen zu werden. Bei den Männern ist es mehr die Lautheit, eine endlich erlaubte Selbstbetonung beim gesungenen Ruhme Gottes. Die meisten, die in den Schulsaal kamen, durften ja nicht laut sein im Leben. Sie mußten den Gemeindegesang abwarten, um überhaupt die Stimme erheben zu dürfen, um sich etwas von der Seele zu singen oder zu schreien, und ein paar Augenblicke lang stimmlichen Selbstgenuß zu erleben. Es war auch für mich erhebend, wenn meine Stimme, einzeln zwar wahrnehmbar, doch mit der Stimme der Gemeinde verschmolz. Im Grunde war es das Ziel aller Lieder, Verschmelzung zu bewirken und Andacht hervorzurufen, und da deine Poeten und Musiker inbrünstig zusammengearbeitet haben, ist in die Lieder vieles eingegangen, was unwiderstehlich zur Verschmelzung und zur Andacht stimuliert.

*

Sieh dir Luthers Einleitungsspruch zum neuen Gesangbuch an, der uns immer an das Singen herangeführt hat. Zeugnis *für* dich habe ich oft genug ablegen müssen, oft unter demütigenden, aber stolz ertragenen Bedingungen; jetzt lege ich Zeugnis gegen dich ab, warum sollte ich das Unheil, das du in mir angerichtet hast, verschweigen?

*

Ich habe darunter gelitten, so gut es mir möglich war, und du hattest dein Wohlgefallen daran. Du mußt dir jetzt andere zur Wohnung suchen, weil ich ohne den ungebetenen Gast weiterleben möchte und meinen inneren Raum vielleicht für Menschen brauche, denen ich, *neben dir und mir,* zu wenig Platz gelassen habe.

HANS KÜNG

Bekenntnis zu Mozart V

Wenn ich ohne Störung von außen, zu Hause allein oder auch mal im Konzert, ganz und gar intensiv Mozarts Musik aufzunehmen versuche, die Augen vielleicht geschlossen, dann spüre ich plötzlich, wie sehr ich vom Gegenüber des Klangkörpers losgekommen bin, nur noch den gestalteten Ton höre, Musik und sonst nichts. Es ist die Musik, die einen jetzt ganz umfängt, durchdringt und plötzlich von innen her klingt. Was ist geschehen? Ich spüre, daß ich gänzlich, mit Augen und Ohren, Leib und Geist nach innen gewendet bin; das Ich schweigt, und alles Äußere, alle Entgegensetzung, alle Subjekt-Objekt-Spaltung ist für einen Augenblick überwunden. Die Musik ist nicht mehr ein Gegenüber, sondern ist das Umfangende, Durchdringende, von innen her Beglückende, mich ganz Erfüllende. Mir drängt der Satz sich auf: »In ihr leben wir, bewegen wir uns, und sind wir.«

Doch dies ist bekanntlich ein Wort der Schrift aus der Rede des Apostels Paulus auf dem Areopag zu Athen, wo Paulus vom Suchen, Ertasten und Finden Gottes spricht, der keinem von uns fern ist, in dem wir leben, uns bewegen und sind.

*

Wahrhaftig, wie keine andere Musik so scheint mir Mozarts Musik – wiewohl keine himmlische, sondern eine durchaus irdische Musik – in ihrer sinnlich-unsinnlichen Schönheit, Kraft und Durchsichtigkeit zu zeigen, wie ganz fein und dünn die Grenze ist zwischen der Musik, der ungegenständlichsten aller Künste, und der Religion, die es schon immer besonders mit der Musik zu tun hatte. Denn: Beide, wenngleich verschieden, weisen ins letztlich Unsagbare, ins Geheimnis. Und wenngleich Musik nicht zur Kunstreligion werden darf, so ist doch die Kunst der Musik das geistigste aller Symbole für jenes »mystische Heiligtum unserer Religion«, das Göttliche selbst. Anders gesagt: Mozarts Musik ist für mich nicht bloß dort religiös relevant, wo religiös-kirchliche Themen oder Formen vertont sind, sondern gerade durch die Kompositionstechnik der nonvokalen, rein instrumentalen Musik, durch die Weltdeutung seiner Musik, welche die außermusikalische Begrifflichkeit übersteigt.

*

In bestimmten Momenten des Mitvollzugs mag es dem sensiblen, hörbereiten Menschen, einsam und doch nicht, geschenkt sein, sich in jenem vernünftig-übervernünftigen Vertrauen zu öffnen, von dem ich gesprochen habe: um feinhörig in dem reinen, ganz verinnerlichten und uns doch umfangenden wortlosen Klang etwa des Adagios des *Klarinettenkonzerts* in uns noch ein ganz anderes zu vernehmen: den Klang des Schönen in seiner Unendlichkeit, ja, den Klang des einen Unendlichen, das uns übersteigt und für das »schön« kein Wort ist. Chiffren also, Spuren der Transzendenz! Man muß sie nicht, man kann sie wahrnehmen, hier gibt es keinen Zwang: Öffne ich mich, so kann ich gerade in diesem wortlos sprechenden Geschehen der Musik von einem unaussprechlich-unsagbaren Geheimnis angerührt werden, kann in diesem überwältigenden, befreienden, beglückenden Erleben der Musik die Anwesenheit einer tiefsten Tiefe oder höchsten Höhe selbst erspüren, erfühlen und erfahren. Reine Gegenwart, stille Freude, Glückseligkeit. Die religiöse Sprache braucht, um solche Erfahrung und Offenbarwerdung der Transzendenz zu umschreiben, noch immer das Wort »Gott«, dessen Wesen (Nikolaus von Kues zufolge) gerade jene – auch für Mozarts Musik charakteristische – *Coincidentia oppositorum* ausmacht: die Versöhnung aller Gegensätzlichkeiten.

ARVO PÄRT

Das Ende der Lieder

Ich habe einmal in der Sowjetunion mit einem Mönch gesprochen und ihn gefragt, wie man sich als Komponist bessern könne. Er antwortete mir, er wisse dafür keine Lösung. Ich erzählte ihm, daß ich auch Gebete schriebe, Musik zu Gebeten oder Psalmentexten, und daß dies mir als Komponist vielleicht helfen könne. Darauf sagte er: Nein, du irrst dich. Alle Gebete sind schon geschrieben. Du brauchst keine mehr zu schreiben. Das ist alles vorbereitet. Jetzt mußt du dich vorbereiten. – Ich glaube, darin steckt eine Wahrheit. Wir müssen damit rechnen, daß unsere Lieder eines Tages ein Ende nehmen. Vielleicht kommt auch für den größten Künstler ein Moment, in dem er nicht mehr Kunst machen will oder muß. Und vielleicht schätzen wir gerade dann sein Schaffen noch höher ein; weil es diesen Augenblick gegeben hat, in dem er über sein Werk hinausgelangt ist.

~ 3 ~

Die romantischste aller Künste

FRANZ VON SCHOBER

An die Musik

Du holde Kunst, in wieviel grauen Stunden,
Wo mich des Lebens wilder Kreis umstrickt,
Hast du mein Herz zu warmer Lieb entzunden,
Hast mich in eine beßre Welt entrückt!

Oft hat ein Seufzer, deiner Harf entflossen,
Ein süßer, heiliger Akkord von dir
Den Himmel beßrer Zeiten mir erschlossen,
Du holde Kunst, ich danke dir dafür!

ERNST THEODOR AMADEUS HOFFMANN

Die romantischste aller Künste

Wenn von der Musik als einer selbständigen Kunst die Rede ist, sollte immer nur die Instrumentalmusik gemeint sein, welche, jede Hilfe, jede Beimischung einer anderen Kunst verschmähend, das eigentümliche, nur in ihr zu erkennende Wesen der Kunst rein ausspricht. Sie ist die romantischste aller Künste – fast möchte man sagen: allein *rein* romantisch. – Orpheus' Lyra öffnete die Tore des Orkus. Die Musik schließt dem Menschen ein unbekanntes Reich auf; eine Welt, die nichts gemein hat mit der äußeren Sinnenwelt, die ihn umgibt, und in der er alle durch Begriffe bestimmbaren Gefühle zurückläßt, um sich dem Unaussprechlichen hinzugeben.

*

In dem Gesange, wo die hinzutretende Poesie bestimmte Affekte durch Worte andeutet, wirkt die magische Kraft der Musik wie das Wunderelixier der Weisen, von dem etliche Tropfen jeden Trank köstlich und herrlich machen. Jede Leidenschaft – Liebe, Haß, Zorn, Verzweiflung etc., wie die Oper sie uns gibt – kleidet die Musik in den Purpurschimmer der Romantik, und selbst das im Leben Empfundene führt uns hinaus aus dem Leben in das Reich des Unendlichen. So stark ist der Zauber der Musik, und immer mächtiger wirkend, müßte er jede Fessel einer andern Kunst zerreißen. – Gewiß nicht allein in der Erleichterung der Ausdrucksmittel (Vervollkommnung der Instrumente, größere Virtuosität der Spieler), sondern in dem tiefern, innigeren Erkennen des eigentümlichen Wesens der Musik liegt es, daß geniale Komponisten die Instrumentalmusik zu der jetzigen Höhe erhoben. Haydn und Mozart, die Schöpfer der neuern Instrumentalmusik, zeigten uns zuerst die Kunst in ihrer vollen Glorie; wer sie da mit voller Liebe anschaute und eindrang in ihr innigstes Wesen ist – Beethoven. Die Instrumentalkomposition aller drei Meister atmen einen gleichen romantischen Geist, welches eben in dem gleichen innigen Ergreifen des eigentümlichen Wesens der Kunst liegt; der Charakter ihrer Kompositionen unterscheidet sich jedoch merklich.

*

Der romantische Geschmack ist selten, noch seltner das romantische Talent: Daher gibt es wohl so wenige, die jene Lyra, welche das wundervolle Reich des Unendlichen aufschließt, anzuschlagen vermögen. Haydn faßt das Menschliche im menschlichen Leben romantisch auf; er ist kommensurabler für die Mehrzahl. Mozart nimmt das Übermenschliche, das Wunderbare, welches im innern Geiste wohnt, in Anspruch. Beethovens Musik bewegt die Hebel des Schauers, der Furcht, des Entsetzens, des Schmerzes und erweckt jene unendliche Sehnsucht, die das Wesen der Romantik ist.

CLEMES BRENTANO

Nachklänge Beethovenscher Musik

Einsamkeit, du Geisterbronnen,
Mutter aller heil'gen Quellen,
Zauberspiegel innrer Sonnen,
Die berauschet überschwellen,
Seit ich durft in deine Wonnen
Das betrübte Leben stellen,
Seit du ganz mich überronnen
Mit den dunklen Wunderwellen,
Hab zu tönen ich begonnen,
Und nun klingen all die hellen
Sternenchöre meiner Seele,
Deren Takt ein Gott mir zähle,
Alle Sonnen meines Herzens,
Die Planeten meiner Lust,
Die Kometen meines Schmerzens,
Klingen hoch in meiner Brust.
In dem Monde meiner Wehmut,
Alles Glanzes unbewußt,
Kann ich singen und in Demut
Vor den Schätzen meines Innern,
Vor der Armut meines Lebens,
Vor der Allmacht meines Strebens,
Dein, o Ew'ger, mich erinnern!
Alles andre ist vergebens.

ERNST THEODOR AMADEUS HOFFMANN

Die Ahnung des Höchsten und Heiligsten

Keine Kunst geht so rein aus der inneren Vergeistigung des Menschen hervor, keine Kunst bedarf so nur einzig reingeistiger, ätherischer Mittel als die Musik. Die Ahnung des Höchsten und Heiligsten, der geistigen Macht, die den Lebensfunken in der ganzen Natur entzündet, spricht sich hörbar aus im Ton, und so wird Musik, Gesang, der Ausdruck der höchsten Fülle des Daseins – Schöpferlob! – Ihrem innern, eigentümlichen Wesen nach ist daher die Musik religiöser Kultus, und ihr Ursprung einzig und allein in der Religion, in der Kirche, zu suchen und zu finden. Immer reicher und mächtiger ins Leben tretend schüttete sie ihre unerschöpflichen Schätze aus über die Menschen, und auch das Profane durfte sich dann, wie mit kindischer Lust, in den Glanz putzen, mit dem sie nun das Leben selbst, in all' seinen kleinen und kleinlichen, irdischen Beziehungen durchstrahlte; aber selbst dieses Profane erschien in dem Schmuck, wie sich sehnend nach dem höheren, göttlichen Reich, und strebend, einzutreten in seine Erscheinungen.

JOSEPH VON EICHENDORFF

Wünschelrute

Schläft ein Lied in allen Dingen,
Die da träumen fort und fort,
Und die Welt hebt an zu singen,
Triffst du nur das Zauberwort.

WILHELM HEINRICH WACKENRODER

Die Sprache der Engel

Wenn andre über selbsterfundene Grillen zanken, oder ein verzweiflungsvolles Spiel des Witzes spielen, oder in der Einsamkeit mißgestaltete Ideen brüten, die, wie die geharnischten Männer der Fabel, verzweiflungsvoll sich selber verzehren; o, so schließ' ich mein Auge zu vor all dem Kriege der Welt, – und ziehe mich still in das Land der Musik, als in das Land des Glaubens zurück, wo alle unsre Zweifel und unsre Leiden sich in ein tönendes Meer verlieren, – wo wir alles Gekrächze der Menschen vergessen, wo kein Wort- und Sprachengeschnatter, kein Gewirr von Buchstaben und monströser Hieroglyphenschrift uns schwindlich macht, sondern alle Angst unsers Herzens durch leise Berührung auf einmal geheilt wird. – Und wie? Werden hier Fragen uns beantwortet? Werden Geheimnisse uns offenbart? – Ach nein! Aber statt aller Antwort und Offenbarungen werden uns luftige, schöne Wolkengestalten gezeigt, deren Anblick uns beruhigt, wir wissen nicht wie; – mit kühner Sicherheit wandeln wird durch das unbekannte Land hindurch, – wir begrüßen und umarmen fremde Geisterwesen, die wir nicht kennen, als Freunde, und alle die Unbegreiflichkeiten, die unser Gemüt bestürmen und die die Krankheit des Menschengeschlechtes sind, verschwinden vor unsern Sinnen, und unser Geist wird gesund durch das Anschaun von Wundern, die noch weit unbegreiflicher und erhabener sind. Dann ist dem Menschen, als möcht er sagen: »Das ist's, was ich meine! Nun hab' ich's gefunden! Nun bin ich heiter und froh!«

*

Die Musik aber halte ich für die wunderbarste Erfindung, weil sie menschliche Gefühle auf eine übermenschliche

Art schildert, weil sie uns alle Bewegungen unsers Gemüts unkörperlich, in goldne Wolken luftiger Harmonien eingekleidet, über unserm Haupte zeigt, – weil sie eine Sprache redet, wir wissen nicht wo? und wie? und die man allein für die Sprache der Engel halten möchte.

∗

Nach dem Gegenstande zu urteilen, ist die geistliche Musik freilich die edelste und höchste, so wie auch in den Künsten der Malerei und Poesie der heilige, Gott geweihte Bezirk dem Menschen in dieser Hinsicht der ehrwürdigste sein muß. Es ist rührend zu sehen, wie diese drei Künste die Himmelsburg von ganz verschiedenen Seiten bestürmen, und mit kühnem Wetteifer untereinander kämpfen, dem Throne Gottes am nächsten zu kommen. Ich glaube aber wohl, daß die vernunftreiche Muse der Dichtkunst und vorzüglich die stille und ernste Muse der Malerei, ihre dritte Schwester für die allerdreisteste und verwegenste im Lobe Gottes achten mögen, weil sie in einer fremden, unübersetzbaren Sprache, mit lautem Schalle, mit heftiger Bewegung und mit harmonischer Vereinigung einer ganzen Schar lebendiger Wesen, von den Dingen des Himmels zu sprechen wagt.

Allein auch diese heilige Muse redet von den Dingen des Himmels nicht beständig auf einerlei Art, sondern hat vielmehr ihre Freude daran, Gott auf ganz verschiedene Weise zu loben, – und ich finde, daß jegliche Art, wenn man deren wahre Bedeutung recht versteht, ein Balsam für das menschliche Herz ist.

LUDWIG TIECK

Die Töne

Siehst du nicht in Tönen Funken glimmen?
Ja, es sind die süßen Engelstimmen;
In Form, Gestalt, wohin dein Auge sah,
In Farbenglanz ist dir der Ew'ge nah,
Doch wie ein Rätsel steht er vor dir da.
Er ist so nah und wieder weit zurück,
Du siehst und fühlst, dann flieht er deinem Blick,
Dem körperschweren Blick kann's nicht gelingen
Sich an den Unsichtbaren hinzudringen;
Entfernter noch, um mehr gesucht zu sein,
Verbarg er in die Töne sich hinein;
Doch freut es ihn, sich freier dort zu regen,
Die Liebe heller kömmt dir dort entgegen. –
Das war ich ehmals, ach! ich fühl' es tief,
Eh' noch mein Geist in diesem Körper schlief. –

JOHANN FRIEDRICH HUGO DALBERG

Zauber der Musik

Nie empfand ich den Zauber der Musik mehr, als am gestrigen Abend; Krankheit und finstere Melancholie hatten sich meiner bemeistert; ich versuchte alles, sie zu verscheuchen, vergebens, – sie kam in tausend Gestalten wieder vor; ich ging an das Klavier und präludierte trauervolle Töne. – Da lag auf einmal, wie von einem Engel gesandt, Pergolesis *Salve Regina* vor mir; ich sang es, und das himmlische »O dulcis, o pia« erfüllte meine Seele mit einem so hohen Gefühl von Andacht und sanfter Wehmut, daß ich in Tränen zerschmolz. Es war mir leichter, die gespannten Fiebern ließen nach, ich sank in eine erquickende Ruhe, nicht heiter, aber wohl ward mir's. Ich verließ das Klavier, legte mich auf mein Ruhebett, und dachte den mannigfachen, schnell veränderten Zuständen meiner Seele nach.

Da umschwebte der Genius der Harmonie mein Lager und lispelte mir Ahndungen aus den hohen Mysterien der geistigen Tonkunst zu.

Nie hatte ich einen himmlischeren Genuß! Wie der Blick beim Schmelzen des lichthellen Silbers stand er, und verschwand. – Es war ein Traum; mir schwebt nur noch, wie durch einen Nebel, die Rückerinnerung davon vor.

Der irdische Schleier entfiel meinen Augen, ich verließ die Erde, und schwebte plötzlich im unermeßlichen Raume des Weltalls. Sonnen, Planeten, Gestirne um mich, unzählbar, in unbeschreiblicher Schönheit; welcher Zauber erfüllte mein Ohr! In oft geahndeten, dem Menschen zu reinen Melodien rollten die Sphären den erhabensten Gesang – die größte Einheit in der reichsten Mannigfaltigkeit nur hörbar einem geistigen Ohre. Zwar hat längst der göttliche Pythagoras die Gesetze ihrer Zahlen berechnet und die irdische Harmonie aus der himmlischen entwickelt, aber seine Zahlen sind nur die Hülle der geistigen Töne, sie geben dem Ohre keinen Wohllaut, der Geist in dem irdischen Kerker vermag sie nicht zu hören.

Doch nicht die Körperwelt allein, und was der Raum einschließt, sprach der Genius, bewegt sich nach den Gesetzen der himmlischen Harmonie, auch das Reich der Geister macht eine vollkommene Musik, deren eigentlicher Ton und Einklang Gott selbst ist. Alle Seelen sind Teile diese ewigen Symphonie, alle bewegen sich nach einer ihnen vorgeschriebenen zweckmäßigen Melodie, jedes ist ein Ganzes, jedes zugleich Teil eines größeren Ganzen, und alle die unendlichen Teile bilden den großen Chor der Schöpfung, der in ewigen Lobgesängen der Gottheit huldigt.

Ließ es unsere beschränkte Sinnlichkeit zu, in das Reich der Geister zu blicken, wir würden erstaunen, wie bestimmt sie den harmonischen Gesetzen folgen, wir würden sehen, daß unsere irdische Musik nur Bild, Hülle, Emblem der ewig-geistigen ist.

RICHARD EDWARDS – J. G. HERDER

Gewalt der Tonkunst

Wenn tauber Schmerz die Seele nagt,
Und öder Nebel sie umfängt,
Und bangend sie nach Troste fragt,
Und stets in sich zurück sich drängt;
Musik mit einem Himmelsschall,
Hebt sie empor vom Nebeltal.

Wenn unser Herz in Freude schwimmt,
Und sich in Freude bald verliert;
Musik das Herz voll Taumel nimmt,
Und sanft in sich zurück es führt,
Verschmelzt es sanft in Lieb und Pein
Und läßts vor Gott im Himmel sein.

Im Himmel labt der Töne Trank
Den Durst der Pilger dieser Zeit.
Im Himmel kränzet Lobgesang
Mit Kränzen der Unsterblichkeit;
Die Sterne dort im Jubelgang
Frohlocken einen Lobgesang.

O Himmelsgab! o Labetrank!
Dem matten Waller dieser Zeit,
Geschenk, das aus der Höhe sank,
Zu lindern unser Erdenleid,
Sei, wenn mein Schifflein sich verirrt,
Mir, was der Stern dem Schiffer wird.

ERNST THEODOR AMADEUS HOFFMANN

Ahnungen aus dem Reich der Töne

Die Musik verschafft den Umgang mit Geistern. Oft, in stiller Nacht, im dunklen Zimmer, überströmen den Musiker herrliche Gesänge. Wie, wenn in solchen Augenblicken ferne befreundete Geister mit uns sprächen, ja, wenn selbst die, die längst von der Erde schwanden, nun, in innerer Musik fortlebend, eingingen in unser Inneres? – Gewiß ist es, daß das lebhafte Andenken an den Freund, mit dem man musikalisch verbunden war, nur in Ton und Gesang besteht; die herrlichsten Melodien strömen aus dem Innern, aber ist das lebhafte Andenken an den verstorbenen Freund nicht der Freund selbst?

JOHANN GOTTFRIED HERDER

Religion als Ursprung der Musik

Die tiefste Grundlage der heiligen Musik ist wohl der Lobgesang, *Hymnus;* ich möchte sagen, er sei dem Menschen natürlich. Wir finden uns nämlich so ganz umringt von ungeheurer Macht und Übermacht der Schöpfung, daß wir in ihr nur wie Tropfen im Ozean zu schwimmen scheinen; und wenn dies Gefühl über einen Gegenstand oder in einer Situation zur Sprache kommt, was kann es anders, als ein Ausdruck des Seufzers werden: »Ungeheure Macht, erdrücke micht nicht! Hilf mir!« Die wildesten Nationen haben auf solche Weise Anlässe zu Hymnen gezeigt; gesetzt, daß sie solche auch nur an ein mächtiges Tier, an einen ungeheuren Wasserfall oder Fels, an die Nacht, an Sonne, Mond und Sterne gerichtet hätten. Je mehr indes der menschliche Verstand sich sammelt und gleichsam selbst begreift, desto mehr findet er in dieser ungeheuren Macht auch Regeln der Weisheit, einen Gang der Ordnung, der ihm dienen kann und dem er dienen muß, mithin Gesetze der Güte und Milde. Sein Hymnus wird also immer beredter; er erzählt die wohltätigen oder wunderbaren Eigenschaften seines angebeteten Gegenstandes mit tausend Namen, deren ganzer Inhalt dieser ist: »Du bist groß; sei auch gut! Schade mir nicht, hilf mir!« Wenn endlich der Geist sich zum höchsten Ideal der Schöpfung, zu Gott, erhebt; ein Meer, in dem alle Vollkommenheiten zusammenfließen; ein Mittelpunkt, aus welchem alle Radien strömen: Was kann ein Wort an ihn sein, wenn es ein Wort sein soll, als Hymnus? »Von Dir, durch Dich, in Dir bin ich; zu Dir gehe ich wieder. Du bist alles, Du hast alles, Du gabst mir alles; gib mir das Edelste, Dir ähnlich zu sein; hilf mir!«

*

Nicht aber macht der Hymnus allein den Gottesdienst aus; die menschliche Seele, ein Instrument vieler Tonarten und Saiten, will auch ein sanftes, erbauliches Lied, den Zeugen einer stilleren Freude und leiseren Belehrung; sie will auch in Gefahr und Angst, in Kummer und Sehnsucht ein »Herr, erbarme dich unser«, ein klagendes, ängstliches *Miserere*. Für alle diese Gemütszustände und Situationen des Lebens hatten die Psalmen einen reichen Vorrat; und daß die Kirche oft in Umstände geriet, in denen sie solcher Angstgebete nötig hatte, so ward dieser Vorrat der Psalmen vielfach gebrauchet. Daher also die Bußpsalmen, die girrende Stimme der Turteltaube in den Höhlen und Steinklüften, die langen, klagenden Litaneien mit dem wiederholten Echo des *Kyrie eleison;* daher die Seufzer um Errettung, die Gesänge der Hoffnung eines anderen Lebens. Auf Glaube und Zuversicht war die christliche Kirche gegründet; Glaube und Zuversicht erheben und beflügeln sich am stärksten mit dem Gesange der Andacht. Über den Gräbern der Entschlafenen tönte nicht heidnische Verzweiflung und Furcht vor dem Totenreiche; sondern sanfte Trauer und fröhliche Hoffnung, Hoffnung des Wiedersehens, des ewigen Zusammenlebens miteinander.

Das heilige Geheimnis endlich, das Geheimnis eines der Kirche beiwohnenden, sie erfüllenden, im Sakrament teilhaft werdenden Gottes, wie konnte es anders, als mit Intonationen einer göttlichen Gegenwart und Begeisterung gefeiert werden? Daher die hohen und tiefen Akzente bei Einweihungen und in den Momenten des Wunders. Selbst das christliche Glaubensbekenntnis konnte von der Musik nicht ausgeschlossen sein: Denn es ward ein Gelübde des Herzens auf Leben und Tod über heiligen Gebeinen. Die ganze Idee der christlichen Kirche, daß sie eine einzige, allgemeine, untereinander durch einen Geist verbundene Gemeinde sei, macht an sich schon Gesang, Gebet, Segen, Fürbitte zu einem allgemeinen Opfer, zu einem weltverbreiteten Halleluja.

WILHELM HEINRICH WACKENRODER

Das merkwürdige musikalische Leben des Tonkünstlers Joseph Berglinger

Eine vorzügliche Epoche in seinem Leben machte eine Reise nach der bischöflichen Residenz, wohin ein begüterter Anverwandter, der dort wohnte und der den Knaben liebgewonnen hatte, ihn auf einige Wochen mitnahm. Hier lebte er nun recht im Himmel: Sein Geist ward mit tausendfältiger schöner Musik ergötzt und flatterte nicht anders als ein Schmetterling in warmen Lüften umher.

Vornehmlich besuchte er die Kirchen und hörte die heiligen Oratorien, Kantilenen und Chöre mit vollem Posaunen- und Trompetenschall unter den hohen Gewölben ertönen, wobei er oft aus innerer Andacht demütig auf den Knien lag. Ehe die Musik anbrach, war es ihm, wenn er so in dem gedrängten, leise murmelnden Gewimmel der Volksmenge stand, als wenn er das gewöhnliche und gemeine Leben der Menschen als einen großen Jahrmarkt unmelodisch durcheinander und um sich herum summen hörte; sein Kopf ward von leeren, irdischen Nichtigkeiten betäubt. Erwartungsvoll harrte er auf den ersten Ton der Instrumente; – und indem er nun aus der dumpfen Stille, mächtig und langgezogen, gleich dem Wehen eines Windes vom Himmel hervorbrach und die ganze Gewalt der Töne über seinem Haupte daherzog – da war es ihm, als wenn auf einmal seiner Seele große Flügel ausgespannt, als wenn er von einer dürren Heide aufgehoben würde, der trübe Wolkenvorhang vor dem sterblichen Auge verschwände und er zum lichten Himmel emporschwebte. Dann hielt er sich mit seinem Körper still und unbeweglich und heftete die Augen unverrückt auf den Boden. Die Gegenwart versank vor ihm; sein Inneres war von allen irdischen Kleinigkeiten, welche der wahre Staub auf dem Glanz der Seele sind, gereinigt; die Musik durchdrang seine Nerven mit leisen Schauern und ließ, so wie sie wechselte, mannigfache Bilder vor ihm aufsteigen. So kam es ihm bei manchen frohen und herzerhebenden Gesängen zum Lobe Gottes ganz deutlich vor, als wenn er den König David im langen königlichen Mantel, die Krone auf dem Haupt, vor der Bundeslade lobsingend hertanzen sähe; er sah sein ganzes Entzücken und alle seine Bewegungen, und das Herz hüpfte ihm in der Brust. Tausend schlafende Empfindungen in seinem Busen wurden losgerissen und bewegten sich wunderbar durcheinander. Ja bei manchen Stellen der Musik endlich schien ein besonderer Lichtstrahl in seine Seele zu fallen; es war ihm, als wenn er dabei auf einmal weit klüger würde und mit helleren Augen und einer gewissen erhabenen und ruhigen Wehmut auf die ganze wimmelnde Welt herabsähe.

*

Wenn Joseph in einem großen Konzerte war, so setzte er sich, ohne auf die glänzende Versammlung der Zuhörer zu blicken, in einen Winkel und hörte mit eben der Andacht zu, als wenn er in der Kirche wäre – ebenso still und unbeweglich und mit so vor sich auf den Boden sehenden Augen. Der geringste Ton entschlüpfte ihm nicht, und er war von der angespannten Aufmerksamkeit am Ende ganz schlaff und ermüdet. Seine ewig bewegliche Seele war ganz ein Spiel der Töne; – es war, als wenn sie losgebunden vom Körper wäre und freier umherzitterte, oder auch als wäre sein Körper mit zur Seele geworden – so frei und leicht ward sein ganzes Wesen von den schönen Harmonien umschlungen, und die feinsten Falten und Biegungen der Töne drückten sich in seiner weichen Seele ab.

LUDWIG TIECK

Die Musik spricht

Ich bin ein Engel, Menschenkind, das wisse,
Mein Flügelpaar klingt in dem Morgenlichte,
Den grünen Wald erfreut mein Angesichte,
Das Nachtigallen-Chor gibt seine Grüße.

Wem ich der Sterblichen die Lippe küsse,
Dem tönt die Welt ein göttliches Gedichte,
Wald, Wasser, Feld und Luft spricht ihm Geschichte,
Im Herzen rinnen Paradieses-Flüsse.

Die ewge Liebe, welche nie vergangen,
Erscheint ihm im Triumph auf allen Wogen,
Er nimmt den Tönen ihre dunkle Hülle,

Da regt sich, schlägt in Jubel auf die Stille,
Zur spiel'nden Glorie wird der Himmelsbogen,
Der Trunkne hört, was alle Engel sangen.

HERMANN HESSE

Stimme zu Gott

Da, ein hoher starker Orgelton. Er füllt, anwachsend, den ungeheuren Raum, er wird selber zum Raume, umhüllt uns ganz. Er wächst und ruht aus, und andere Töne begleiten ihn und plötzlich stürzen sie alle in einem hastigen Davonfliehen in die Tiefe, beugen sich, beten an, trotzen auch und verharren gebändigt im harmonischen Baß. Und nun schweigen sie, eine Pause weht wie ein Hauch vor einem Gewitter durch die Hallen. Und jetzt wieder: Mächtige

Töne erheben sich in tiefer, herrlicher Leidenschaft, schwellen stürmend hinan, schreien hoch und hingegeben ihre Klage an Gott, schreien nochmals und dringender, lauter, und verstummen. Und wieder heben sie an, wieder hebt dieser kühne und versunkene Meister seine mächtige Stimme zu Gott, klagt und ruft an, weint sein Lied in stürmenden Tonreihen gewaltig aus, und ruht und spinnt sich ein und preist Gott in einem Choral der Ehrfurcht und Würde, spannt goldene Bögen durch die hohe Dämmerung, läßt Säulen und tönende Säulenbündel hinansteigen und baut den Dom seiner Anbetung empor, bis er steht und in sich ruht, und er steht noch und ruht und umschließt uns alle, als schon die Töne verklungen sind.

Ich muß denken: Wie miserabel kleinlich und schlecht führen wir doch unser Leben! Wer von uns dürfte denn so vor Gott und vor das Schicksal treten wie dieser Meister, mit solchen Rufen der Anklage und des Dankes, mit so emporgebäumter Größe eines tiefgesinnten Wesens? Ach, man sollte anders leben, anders sein, mehr unter Himmel und unter den Bäumen, mehr für sich allein und näher bei den Geheimnissen der Schönheit und der Größe.

Die Orgel hebt wieder an, tiefe und leise, ein langer, stiller Akkord; und über ihn hinweg steigt eine Geigenmelodie in die Höhe, in wundervoll geordneten Stufen, wenig klagend, wenig fragend, aber aus geheimer Seligkeit und Geheimnisfülle singend und schwebend, schön und leicht wie der Schritt eines jungen hübschen Mädchens. Die Melodie wiederholt sich, ändert sich, verbiegt sich, sucht verwandte Figuren und hundert feine, spielende Arabesken auf, windet sich flüssig auf engsten Pfaden und geht frei und gereinigt wieder hervor als ein stillgewordenes, geklärtes Gefühl. Hier ist keine Größe, hier ist kein Schrei und keine Tiefe des Leidens, noch auch hohe Ehrfurcht, hier ist nichts als die Schönheit einer begnügten, frohen Seele. Sie hat uns nichts anderes zu sagen, als daß die Welt schön und voller göttlicher Ordnung und Harmonie ist, ach, und welche Botschaft hören wir seltener und haben wir nötiger als diese frohe!

Man fühlt es, ohne es zu sehen, in der ganzen großen Kirche wird jetzt von vielen Gesichtern gelächelt, froh und rein gelächelt, und mancher findet diese alte schlichte Musik ein wenig naiv und veraltet, und lächelt doch auch und schwimmt in dem einfachen klaren Strom, dem zu folgen eine Wonne ist.

Man spürt es noch in der Pause, die kleinen Geräusche, Geflüster und Zurechtrücken in den Bänken, tönen froh und munter, man freut sich und geht befreit einer neuen Pracht entgegen. Und sie kommt. Mit großer, freier Gebärde tritt der Meister Bach in seinen Tempel, grüßt Gott mit Dankbarkeit, erhebt sich von der Anbetung und schickt sich an, nach dem Text eines Kirchenliedes seiner Andacht und Sonntagsstimmung froh zu werden. Aber kaum hat er begonnen und ein wenig Raum gefunden, so treibt er seine Harmonien tiefer, baut Melodien ineinander und Harmonien ineinander in bewegter Vielstimmigkeit, und stützt und hebt und rundet seinen Tönebau weit über die Kirche hinaus zu einem Sternenraum voll edler, vollkommener Systeme, als sei Gott schlafen gegangen und habe ihm seinen Stab und Mantel übergeben. Er wettert in zusammengeballten Wolken und öffnet wieder freie, heitere Lichträume, er führt Planeten und Sonnen triumphierend herauf, er ruht lässig im hohen Mittag und lockt zur rechten Zeit die Schauer des kühlen Abends hervor. Und er endet prächtig und gewaltig wie die untergehende Sonne und hinterläßt im Verstummen die Welt voll Glanz und Seele.

4

Der Stille lauschen

FULBERT STEFFENSKY

Stille und Schweigen

Ich erinnere mich an San Stefano, eine kleine Kirche in Assisi. Sie liegt abseits des großen Getriebes, kein Pilgerstrom erreicht sie, und keine Andenkenläden sind in ihrer Nähe. Es ist eher eine Kapelle in den Gärten vor Assisi, und sie faßt kaum mehr als dreißig Personen. In der Nähe des Eingangs rechts sieht man einen kleinen Brunnen, der kaum Wasser hat. In langen Abständen fallen die Tropfen ins Becken, und in der Stille der romanischen Kirche klingen sie wie zerberstendes Silber. Die Stille der Kirche hat dem Tropfen zu seiner Musik verholfen, und der Tropfen hat die Stille hörbar gemacht. Immer wieder habe ich in diesem Raum gesessen. – Er hat mich erbaut, er hat an meiner Stille und Ruhe gebaut. Ich brauchte dort nicht zu beten. Der Raum hat gebetet – seine hörbare Stille, seine Steine und die Tropfen des Brunnens, die stetig fielen. Der Raum hat an meinem Schweigen gebaut, an meiner Möglichkeit, auf die Worte zu verzichten. Für einen Augenblick konnte ich wissen, daß es mehr gab als alles Aussprechliche und alles Sagbare; etwas, was nicht durch mich und meine Worte erobert und herbeigezerrt werden mußte.

JOACHIM-ERNST BERENDT

Schöpferische Kraft der Stille

Das Schweigen birgt die größte schöpferische Kraft, die es im Universum gibt. Aber gerade weil es sie birgt – weil sie in ihm »nistet« –, will sie ausgebrütet werden. Sie muß ins Sein springen – und das geschieht durch das erklingende Wort. Erklänge es nicht, dann wandelte sich das Schweigen in eskalierende Entropie, denn auch die »nistet« – wie alles andere – von allem Anfang an in ihm. (Entropie: Das graduelle Abgleiten aller Energie in immer niedrigere Zustände und schließlich ins »Chaos«: ein Hauptpostulat der Thermodynamik.)

Das Wort ist Negentropie – wie das Leben: negative Entropie, entgegensteuernd dem Verfall, dem Energieverlust, dem Chaos.

Deshalb ist Stille so laut. Zen spricht vom »Dröhnen der Stille«, die Bibel (im Buch der Könige) vom »Rauschen des Schweigens«: In ihm, sagt dort der Prophet Elias, »spricht Gott«. Jeder, der sich einmal ein paar Wochen lang selber in Stille begeben hat, hat dieses »Donnern der Stille« (auch davon ist seit alters die Rede) selber erfahren. Es wird immer lauter, je länger man lauscht. Man hört seine Kraft, die – immer wieder dieser Ausdruck – ins Sein springen will.

Eine Ahnung von diesem Prozeß – unendlich verkleinert, aber dadurch vielleicht nachvollziehbar – kann man in einigen der alten romanischen Basiliken gewinnen, die es an vielen Plätzen Europas gibt, wenn sich morgens um vier oder fünf aus der Stille der Nacht die Vigil herausschält: der erste gregorianische Gesang des Tages, den die Mönche um diese Zeit singen; oft ist es der 95. Psalm: »Kommt herzu, laßt uns dem Herrn frohlocken und jauchzen dem Hort unseres Heils!« Es klingt jedesmal, als würde das Jauchzen aus Äonen eines unendlichen Schweigens geboren. Gewiß, es unterbricht das Schweigen. Aber es macht die Stille, die eben noch herrschte und gleich wieder herrschen wird, gerade dadurch bewußt.

Die ungeheure, nicht in Worte zu fassende Kraft und Kreativität, die in diesem Prozeß stecken, kann man sich vergegenwärtigen, wenn man in all den gregorianischen Gesängen – über die Jahrhunderte hinweg in der Stille der (damals noch viel dichter gesäten) Basiliken und Klöster Europas zwischen dem 5. und 13. Jahrhundert geschaffen und gesungen – einen Aufbruch erspürt, in ihnen verborgen und dennoch deutlich erkennbar – den Aufbruch nämlich zu der ganz staunenswerten Entwicklung der Musik des Abendlandes: zu Ockeghem und Josquin und weiter zu Monteverdi und Bach, zu Beethoven und Mozart, zu Wagner und Mahler, zu Webern und Nono – durchaus auch (denn ohne sie wären auch sie nicht) zu Satchmo, Armstrong und Coltrane. Immer wieder: die großartigste geistige und künstlerische Evolution in der Geschichte des *homo* – wenn man einmal von der Schöpfung der Sprache absieht, die übrigens aus ähnlicher Stille »ins Sein sprang«.

CHARLOTTE SEITHER

Das Unerhörte

Stille läßt sich nur *ex negativo*, d. h. aus der Abwesenheit all dessen beschreiben, was unser Ohr umgibt: In der Stille ist die (klangliche) Bewegung aufgehoben, eingefroren, ausgespart und unterbrochen. Stille ist eine *tabula rasa*, ein unbeschriebener Grund, auf dem sich die Zeit geradezu bar darlegt: als ein unendlich Fortschreitendes, sich niemals Wiederholendes, als Unberührtes schlechthin.

Musik, so können wir festhalten, läßt sich als eine zum Klingen gebrachte Bewegung verstehen, als tönend bewegte Inschrift, die in den stets gleichlaufenden Fortgang der Zeit wie in ein Band »hineingeschrieben« ist. Sie ist ein einmaliges unverwechselbares Ereignis, als welches sie, wie eine Rune, Fräsung, Maserung oder Spur, in den Ablauf der Zeit hineingeschnitten, aufgestempelt, eingebrannt und aufgetragen ist.

*

In der Stille ist alle (klangliche) Bewegung aufgehoben. In ihr ist keine Wechselbeziehung unter den Dingen mehr möglich: Alle Kausalität, das Wirken von Ursache und Wirkung, entspringt einer inneren oder äußeren Bewegung, die dem Prinzip von Stille (in ihrer umfassenden Bedeutung) also kraß entgegengesetzt ist. Stille ist ein unbetretener Raum. Sie ist ein Unerhörtes, niemals von einem Klang Durchzogenes. Sie ist der unbeschriftete, unberührte Grund, auf dem sich die Zeit in ihrer vollkommenen Unversehrtheit darlegt. In der Stille sind alle Spuren menschlichen Daseins aufgehoben. Sie ist das Niemals-Verrinnende.

GEORG PICHT

Unsichtbares hören

Was *nur* durch das Ohr, nicht aber durch das Auge wahrgenommen werden kann, ist im Bereich unserer Wahrnehmung das Unsichtbare. Die Menschen haben sich immer wieder einreden wollen, das Unsichtbare könne nicht wirklich sein. Sie dementieren damit die Sprache ihrer Sinne. Geräusche, Töne, Klänge kann man nicht sehen, so wenig wie Gefühle und Gedanken. Trotzdem ist alles dieses wirklich. Die ganze menschliche Existenz ist in eine Sphäre des Unsichtbaren eingebettet. In dieser Sphäre leben wir und bewegen wir uns.

In der Sphäre des Unsichtbaren können wir zwischen innen und außen nicht unterscheiden, denn diese Unterscheidung ist der statischen Ordnung entnommen, in der uns das Sichtbare begegnet. Die unsichtbare Welt, in der wir leben, erfahren wir als ein Spannungsfeld, in das wir versetzt sind und das uns ganz und gar durchdringt. Es gibt in der Welt kein Spannungsvakuum. Aber Spannungen sind unsichtbar. Was Spannung erzeugt und sich als Spannung manifestiert, bezeichnen wir als Energie. Deswegen hat alles, was uns im Raum des Unsichtbaren begegnet, nicht die sichtbare Form der Gestalt, sondern die unsichtbare Form der Kraft oder der Macht. Kraft ist wirklich, aber sie ist unsichtbar. Macht ist wirklich, aber sie ist in allen ihren Formen unsichtbar. Die »unsichtbare Mächte« ist Goethes Bezeichnung für alles, was das mythische Denken »göttlich« nennt. Jede Kulthandlung und jede Göttergestalt ist Antwort auf die Erfahrung des unsichtbaren Feldes der Macht, in das der Mensch sich ausgesetzt findet. Mythisches Denken steigt aus einer Welterfahrung auf, die sich primär nicht an der distanzierenden Wahrnehmung des Sehens, sondern an der Wahrnehmung jener unsichtbaren Sphäre orientierte, die sich uns in der Wahrnehmung des Hörens öffnet.

Weil das Hören die primäre und herrschende Form der Wahrnehmung des Unsichtbaren ist, erscheint für die Wahrnehmung der Raum des Unsichtbaren als Klangraum. Die Geräusche und Klänge, die unser Ohr registriert, werden als Ausdruck und als Erscheinung des Unsichtbaren wahrgenommen, das sich in ihnen manifestiert. Unser Gehör nimmt Töne unmittelbar als Lebensäußerungen wahr, weil sich die unsichtbare Wirklichkeit, die wir Leben nennen, in ihnen manifestiert. Es vernimmt im Sausen des Windes seine Macht. Es vernimmt im Donner die Entladung des Blitzes. Das Hören ist Wahrnehmung unsichtbarer Mächte. Deshalb ist der Mensch der mythischen Welterfahrung primär nicht der sehende, sondern der hörende Mensch.

FOLKE TEGETTHOFF

Brief an die Stille

Liebe Stille!
Im Land ist große Aufregung, Lärm, Geschrei – sie suchen nach Dir. Ist das nicht herrlich? So viele erinnern sich, und täglich werden es mehr. Sie ziehen durch die Straßen, öffnen verschlossene Türen und befragen Wälder. Sie sitzen bei den Alten und lassen sich von Dir erzählen.

Ja, sie suchen wirklich, aber es fällt ihnen schwer, Dich zu finden, zu viel Schutt und Gerümpel liegen auf dem Weg. Sie graben mit bloßen Händen, sie graben bis auf den Grund der Erde. Abends liegen sie erschöpft in den Betten und sehnen sich nach Dir. Am anderen Morgen suchen sie weiter. Aufregung, Lärm, Geschrei.

Und die, die Dich ersetzen wollen – in Räumen, wo man nicht einmal den Atem hört –, die hat man schnell erkannt. »Das ist nicht Stille!« schreien sie. »Das ist tot. Stille muß was anderes sein.« Und sie suchen in Erinnerungen – doch die Gedanken kommen laut zurück. Nichts gefunden ...

Sie wollen nicht allein sein. Sie fürchten sich vor dem Allein, weil es so nah beim Einsam liegt. Und laut hilft, hat immer geholfen, solange sie nichts von Dir spürten. Jetzt haben sie Sehnsucht. Täglich werden es mehr.

Doch es ist schwierig, Dich zu finden, weil man es nicht weiß, wenn man Dich gefunden hat. Wenn die Musik zu Ende ist? Wenn die Hämmer schweigen? Wenn im Wald nur noch der eigene Herzschlag zu hören ist? Sie ahnen, sie wissen, das kann es nicht sein. So ziehen sie weiter durch das Land und suchen. Manche verstopfen sich die Ohren, doch bald merken sie, es liegt nicht an den Ohren.

Stille, im Land ist große Aufregung! Lärm, Geschrei – sie suchen nach Dir. Sie lesen in Büchern, beten nach Formeln, schweigen in Gruppen – sie ahnen, daß Du Dich niemals mit lautem Rufen zu erkennen geben würdest. Sie ahnen, daß Du irgendwo verborgen bist und wartest, bis jeder einzelne sich einen Weg zu Dir geschaffen hat. Sie würden vieles geben, um ein Zeichen zu bekommen. Nur ein Zeichen, daß es Dich gibt. Sie hoffen, daß es Dich gibt, Stille, aber sie brauchen auch ein bißchen Gewißheit. Wozu sonst suchen? Du sagst: Laß sie ruhig suchen. Sie wollten es ja nicht anders. Ja, Du hast recht, sie mußten dich verlieren, um Dich zu wollen.

HELMUT LACHENMANN

Neue Antennen

Über Möglichkeiten und Schwierigkeiten des Hörens reden, hieße eigentlich über die inneren und äußeren Voraussetzungen des Hörens: hieße über die Bedingungen von Sein und Bewußtsein philosophieren. Ich fühle mich dem nicht gewachsen. Aber ich habe dieses Thema gewählt, um einmal als Komponist auf jene vielbeschworene Kluft zu reagieren, die sich aufgetan zu haben scheint zwischen den Hörgewohnheiten, wie sie im öffentlichen Musikleben einer musikliebenden Gesellschaft dominieren, und den Wegen, wie sie von Komponisten in diesem Jahrhundert seit Schönberg und unter Berufung auf Schönberg eingeschlagen wurden.

Es ist die Kluft zwischen dem Musikliebhaber, welcher Musik liebt und pflegt und wegen ihrer in den Werken der Tradition bewährten expressiven Sprachgewalt, wegen ihrer im Tonalen wurzelnden Erfahrungen von Schönheit, in denen das Subjekt sich emphatisch erhöht widerspiegelt, und dem Komponisten, welcher der Tradition dadurch gehorcht, daß er sie fortsetzt, statt solche Erfahrungen zu konservieren; und der den *a-priori*-Kunstgenuß als Dienstleistung am Bürger vernachlässigt, weil es für ihn – und auch hier als aus der Tradition übernommene Verpflichtung – nicht darum gehen kann, etwas zu »sagen« (was eine intakte Sprache voraussetzt), sondern etwas zu machen, etwas hörbar, erfahrbar, etwas bewußt zu machen, Hörerfahrungen zu erweitern statt Hörerwartung zu befriedigen, also das zu tun, was dem menschlichen Geist aufgegeben ist, seit er von sich weiß: nämlich weiterzugehen, ins Unbekannte vorzudringen und so sich selbst zu erfahren.

Die Kluft war vorprogrammiert, seit Musik im alten Europa ihre magische Funktion, wie sie sich in andern Kulturen erhalten hat, durchbrochen und sich selbst zum Gegenstand der Aufmerksamkeit, des Erforschens, des Fortentwickelns und so zugleich zum Spiegel der sich fortentwickelnden menschlichen Wahrnehmungs- und Empfindungsmöglichkeiten gemacht hat.

∗

Der unmittelbare Gegenstand von Musik ist nicht Welt und schlechter Weltlauf, den es zu beweinen, zu belachen, und auf den es wie auch immer rhetorisch oder affektiv zu reagieren gilt: Der Gegenstand von Musik ist das Hören, die sich selbst wahrnehmende Wahrnehmung. Und einzig, weil solche Sensibilisierung nicht gelingen kann ohne die kompositionstechnische Auseinandersetzung mit jener Verwaltetheit des musikalischen Materials, bildet Musik, als Produkt einer solchen Auseinandersetzung, die Wirklichkeit, auf die sie reagiert, genauer ab, als es jede rhetorische Anstrengung zuwege brächte.

Denn solche Form des wahrnehmenden Hörens bietet sich nicht unbefangen an, sie muß erst freigelegt werden. Freilegen aber heißt, Dazwischenliegendes wegräumen, jene in der Gesellschaft vorgegebenen dominierenden Hörgewohnheiten, Hörkategorien außer Kraft setzen, aussperren. Hören ist schließlich etwas anderes als verständnissinniges Zuhören, es meint: anders hören, in sich neue Antennen, neue Sensorien, neue Sensibilitäten entdecken, heißt also auch, seine eigene Veränderbarkeit entdecken und sie der so erst bewußtgemachten Unfreiheit als Widerstand entgegensetzen; Hören heißt: sich selbst neu entdecken, heißt: sich verändern.

JOHN CAGE

Tacet: 4'33"

Ich glaube, mein bestes Stück, zumindest das, was ich am liebsten mag, ist das stille Stück (*4'33"*, 1952). Es hat drei Sätze, und in keinem dieser Sätze gibt es einen Ton. Ich wollte mein Werk von meinen Neigungen und Abneigungen befreien, da ich der Ansicht bin, daß Musik nicht von den Gefühlen und Gedanken des Komponisten abhängen darf. Ich habe geglaubt und gehofft, anderen Leuten das Gefühl vermittelt zu haben, daß die Geräusche ihrer Umwelt eine Musik erzeugen, die weitaus interessanter ist als die Musik, die man im Konzertsaal hört.

Die meisten Leute haben das Wesentliche nicht begriffen. Es gibt keine Stille. Das, was man (bei meinem Stück *4'33"*) als Stille empfand, war voller Geräusche, was die Zuhörer nicht begriffen, weil sie kein Gehör dafür hatten. Während des ersten Satzes (bei der Premiere) konnte man draußen den Wind heulen hören. Im zweiten Satz prasselte der Regen aufs Dach, und während des dritten machte das Publikum allerhand interessante Geräusche, indem sie sich unterhielten oder hinausgingen.

HANS ZENDER

Über das Hören

Hören heißt sich der Zeit ausliefern. Jeder Augenblick kann einen Wechsel, eine Überraschung bringen – oder auch die kontinuierliche Fortsetzung eines gerade erreichten Zustands. Wir müssen unsere Aufmerksamkeit trainieren, um ständig auf der Hut sein zu können.

Die Kraft des plötzlich entstehenden Klanges kann nur erfahren werden auf dem Hintergrund der Stille. Was ist eigentlich Stille? Gibt es sie überhaupt? John Cage hat beschrieben, wie er auf der Suche nach Stille in einen schalltoten Raum ging und erstaunt war, dort einen hohen und einen tiefen Ton zu hören: seinen eigenen Kreislauf und den Klang seines Nervensystems ... Die reine Stille gibt es nicht; irgend etwas ist immer zu hören, und sei es nur das Säuseln eines leisen Windes. Man müßte die Frage also anders stellen und nach den physikalischen Bedingungen fragen, aufgrund derer Klang überhaupt erscheinen kann. Dann wäre der Hintergrund des Klanges die Atmosphäre; denn ohne schwingende Luftsäulen kann es keinen Klang und keine Übertragung von Klängen im Raum geben. Das Hören ist aber nicht nur ein physikalischer Vorgang; gleichzeitig mit dem Aufprall von Klang auf unsere Wahrnehmungsorgane findet eine Reproduktion dieses Erlebens statt, welche das Empfangene wie einen Ball zurückwirft und mit anderen Klängen verknüpft. Hören ist nicht nur Widerfahrnis, es ist ebenso Schöpfung des Hörenden. Hier müßte man in unserem Inneren nach einer Voraussetzung suchen, aufgrund derer so etwas wie ein Klang empfangen und zurückgeworfen werden kann. Was ist das? Etwas in uns, das gleichzeitig still und ganz wach sein muß ...

JOACHIM-ERNST BERENDT

Die Welt hören

Der Weltmusik-Begriff weist weiter – und reicht weiter –, als es der heutige Sprachbegriff ahnen läßt. Welt ist mehr als Erde. Welt heißt Universum, Kosmos. Das Auf-den-Grund-dessen-Hören, was aller Musik gemeinsam ist, hat mich weitergeführt: zu den Bongo-Rhythmen der Pulsare, den Clustern in der Musik der Sonnenwinde und des Erdmagnetismus, den enharmonischen Verwechslungen in den Klängen, die das Riesenmolekül unserer DNS spielt – all dies inzwischen ja durchaus auch Musik für menschliche Ohren. Daß sie dies geworden ist – hörbar für uns alle –, impliziert eben das Wort und das Phänomen, um das es hier geht:

Welt-Musik. Endlich wörtlich.

Immer weiter öffnet sie sich. Auch auf unserem Planeten – schon wieder uns nahe: Musik der Wale. Der Wölfe. Der Fledermäuse und Flughunde. Der Vögel. Die Musiker lauschen. Hören sie, entdecken sie, fühlen das Gemeinsame, sind betroffen, beziehen sie ein. Olivier Messiaen. Rautavaara. Takemitsu. Paul Winter. Judy Collins. Viel mehr wird noch kommen.

Auch ich ging weiter. Zu dem, was ich Urtöne nannte: den Tönen unserer Erde, der Sonne, des Mondes, der Planeten. Ich erfuhr ihre Kraft – jahrelang an mir selbst, bevor ich es wagte, damit an die Öffentlichkeit zu treten.

*

War ich damit am Ende der Reise? Ende der siebziger Jahre hatte ich angefangen, Seminare zu geben – zunächst voller Musik aus allen Kulturen der Menschheit –, von Bach bis Bali. Dann mit Musik aus dem Universum. Heute spiele ich nur noch wenige Klänge und Rhythmen. Immer mehr

Stille. Das Schweigen zwischen den Tönen. Das Hineinlauschen in die Abstände zwischen ihnen. Und in das, was aus dem Schweigen entsteht.

ROBERT SCHNEIDER

Das Wunder seines Hörens

Je näher Elias zum wasserverschliffenen Stein kam, je unruhiger ging sein Herzschlagen. Es war ihm, als würde allmählich das Geräusch seiner Schritte, sein Atem, das Wispern des Harsches, das Ächzen im Waldholz, das Raunen des Wassers unter dem Eis der Emmer, ja das würde alles um ihn herum anschwellen und immer lauter und mächtiger tönen. Als Elias endlich den Steinvorsprung erklettert hatte, hörte er, daß von seinem Herzen ein Donner ausging. Er muß etwas von dem Kommenden geahnt haben, denn er fing plötzlich an zu singen. Dann geschah das Wunder. An diesem Nachmittag hörte der fünfjährige Elias das Universum tönen.

*

Geräusche, Laute, Klänge und Töne taten sich auf, die er bis dahin in dieser Klarheit noch nie gehört hatte. Elias hörte nicht bloß, er sah das Tönen. Sah, wie sich die Luft unaufhörlich verdichtete und wieder dehnte. Sah in die Täler der Klänge und sah in ihre gigantischen Gebirge. Er sah das Summen seines eigenen Bluts, das Knistern der Haarbüschel in den Fäustchen. Und der Atem schnitt die Nasenflügel in derart gellenden Pfiffen, daß sich eine föhnartige Sturmesbö wie ein Säuseln dagegen ausgenommen hätte. Die Säfte des Magens glucksten und klackten schwer ineinander. Es gurrte in den Eingeweiden von einer unbeschreiblichen Vielfalt. Gase dehnten sich, zischten oder knallten auseinander, die Substanz seiner Knochen vibrierte, und selbst das Augenwasser zitterte vom dunklen Schlagen seines Herzens.

Und abermals vervielfältigte sich sein Gehörkreis, explodierte und stülpte sich gleichsam als ein riesenhaftes Ohr über den Flecken, auf dem er lag. Horchte hinunter in hundert Meilen tiefe Landschaften, horchte hinaus in hundert Meilen weite Gegenden. Über die Klangkulisse der eigenen Körpergeräusche zogen mit wachsender Geschwindigkeit um vieles gewaltigere Klangszenarien. Szenarien von ungehörter Pracht und Fürchterlichkeit. Klangwetter, Klangstürme, Klangmeere und Klangwüsten.

*

In Strömen unvorstellbaren Ausmaßes prasselten die Wetter des Klanges und der Geräusche auf die Ohren des Elias nieder. Ein irres Durcheinander von Hunderten von Herzen hub an, ein Splittern von Knochen, ein Singen und Summen vom Blut ungezählter Adern, ein trockenes sprödes Kratzen, wenn sich Lippen schlossen, ein Brechen und Krachen zwischen den Zähnen, ein unglaubliches Getöne vom Schlucken, Gurgeln, Husten, Speuzen, Rotzen und Rülpsen, ein Glucksen von gallertigen Magensäften, ein lautes Platschen von Urin, ein Rauschen von Haupthaar und noch wildere Rauschen vom Haar der Tierfelle, ein dumpfes Schaben von Textilien auf Menschenhäuten, ein dünnes Singen, wenn Schweißtropfen verdampften, ein Gewetze von Muskeln, ein Geschrei von Blut, wenn Glieder von Tieren und Menschen stämmig wurden. Nicht zu reden vom wahnhaften Chaos der Stimmen und Laute des Menschen und aller Kreatur auf und unter der Erde.

*

Und er sah noch tiefer und noch weiter. Sah das Getier des Meeres, den Gesang von Delphinen, den gigantischen

Wehklang sterbender Wale, die Akkorde riesiger Fischschwärme, das Klicken des Planktons, das Zirbeln, wenn Fische ihren Laich absetzen, sah das Hallen von Wasserfluten, das Zerschellen unterirdischen Gebirgs, das gleißende Gellen der Lavaströme, den Gesang der Gezeiten, die Meeresgischt, das Surren der tausend Zentner Wassers, das die Sonne aufsog, das Raunen, Krachen und Bersten gigantischer Wolkenchöre, den Schall des Lichtes ... Was sind Worte!

HANS HEINRICH EGGEBRECHT

Abschalten

Und als der Fernseher Schluß machte, schaltete ich, wie immer nachts, das Radio an, das ARD-Nachtprogramm mit seiner stets »klassischen« Musik. Und nun, wie zumeist, hörte ich hin, beschäftigte mich zwar weiter, aber ich hörte doch auch hin. Und dann, als es schon sehr spät war, legte und räumte ich alle Arbeiten und Beschäftigungen weg und ging hin und stellte auch das Radio ab, um wie in jeder Nacht ganz zuletzt mit mir allein zu sein.

Das ist der schönste und intensivste Augenblick des Tages. Und zu ihm gehört ganz wesentlich das Abschalten auch der Musik, die Befreiung vom Mitspielen des schönen Spiels, vom Gelebtwerden, von der Okkupation durch Kunst.

Natürlich: Es ist nach wie vor in meiner Seele, eingekerbt, das Konzert am Abend, das Gespräch mit den Freunden, das ARD-Nachtprogramm. Aber es gibt Augenblicke, und bei mir gibt es sie in jeder Nacht, da steigert sich das Leben – vor dem Einschlafen – über die Musik hinaus in eine Zone jenseits von Kunst – eine Zone des Menschen nur noch bei sich selbst.

∽ 5 ∾

Spuren der Transzendenz

FERRUCCIO BUSONI

Das Reich der Musik

Kommt, folgt mir in das Reich der Musik. Hier ist das Gitter, das Irdisches vom Ewigen trennt.

Habt ihr die Fesseln gelöst und abgeworfen? Nun kommt. – Es ist nicht so, als wenn wir früher in ein fremdes Land traten; bald lernten wir dort alles kennen, und nichts überraschte uns mehr. Hier wird des Staunens kein Ende, und wir fühlen uns doch von Anfang an heimisch.

Noch hört Ihr nichts, weil Alles tönt. Nun beginnt Ihr schon zu unterscheiden. Lauscht, jeder Stern hat seinen Rhythmus und jede Welt ihren Takt. Und auf jedem der Sterne und jeder der Welten, schlägt das Herz jedes einzelnen Lebendigen anders, und nach seinem eigenen Müssen. Und alle Schläge stimmen überein und sind ein Einziges und ein Ganzes.

Euer inneres Ohr wird schärfer. Hört Ihr die Tiefen und die Höhen? Sie sind unmeßbar wie der Raum und unendlich wie die Zahl. Wie Bänder ziehen sich ungeahnte Skalen von einer Welt zur anderen, feststehend und ewig bewegt. Jeder Laut ist ein Zentrum unermeßlicher Kreise.

Und jetzt offenbart sich Euch der Klang! Ungezählt sind seine Stimmen, ihnen verglichen ist das Säuseln der Harfe ein Gepolter, das Schmettern von tausend Posaunen ein Gezirp.

Alle, alle Melodien, vorher gehörte und ungehörte, erklingen vollzählig und zugleich, tragen Euch, überhängen Euch, streifen Euch – der Liebe und Leidenschaft, des Frühlings und des Winters, der Schwermut und Ausgelassenheit –, sind selbst die Gemüter von Millionen von Wesen in Millionen von Epochen. – Faßt Ihr eine davon näher ins Auge, so merkt Ihr, wie mit allen übrigen zusammenhängt, mit allen Rhythmen kombiniert, von allen Klangarten gefärbt ist, von allen Harmonien begleitet, bis in den Grund der Gründe und die Wölbung aller Wölbungen in den Höhen.

Nun begreift Ihr, wie Planeten und Herzen eins sind miteinander und nirgends ein Ende, nirgends eine Hemmnis sein kann; daß das Grenzenlose in dem Geiste der Wesen vollständig und ungeteilt lebt; daß ein Jedes unendlich groß und unendlich klein ist zugleich: das Ausgedehnteste gleich einem Punkte; und daß Licht, Klang, Bewegung, Kraft identisch und jedes für sich und alle vereint das Leben sind.

BRUNO WALTER

Musik, Logos und Kosmos

Sehen wir ab von dem, was die Musik ausdrückt, wenden wir unseren Blick auf sie selbst, auf ihr Wesen, auf die hohe Ordnung in dem klingenden, bewegten Universum, das wir Musik nennen, in dem unverkennbar ein schaffendes Geistiges wirkt und sich offenbart, so erscheint sie uns als ein Gleichnis zur Schöpfung selber, in der der Logos waltet. Ich glaube sogar, daß dem Menschen kein unmittelbarer Zugang zum Erahnen des Logos und seines Wirkens gegeben ist als durch die Musik, die von seinem göttlich schöpferischen und ordnenden Wesen tönende Kunde gibt.

Nicht nur musikfremde Naturen mögen es ablehnen, den Begriff der Musik, des musikalischen Schaffens und der nachschöpferischen Aufgaben in eine so hohe Vergleichslinie zu stellen. Man kann im gewöhnlichen Sinne des Wortes musikalisch sein, man kann Musik lieben und sogar mit Talent ausüben, und doch eine höhere als die rein-künstlerische Einschätzung der Musik verstiegen finden. Woher aber kommt es, sollten sich solche Skeptiker fragen, daß seit jeher die Musik zu fast jeder bedeutenden gemeinsamen Feierlichkeit im Leben der Völker und insbesondere zu jenen feierlichen Handlungen, deren Sinn über das Irdische hinausweist, herangezogen wurde? Ist uns doch die kultische Verwendung der Musik zum Beispiel bei den Griechen bis zurück zur Zeit Homers bekannt. Diese Wirkung der Musik als Erhöhung der Feierlichkeit kann, glaube ich, nur daraus verstanden werden, daß sie *nach oben* weist; der tröstende Einfluß, den sie auf leidende Menschen ausübt, mag daher rühren, daß der oft als so sinnlos und quälend empfundene *Text* des Lebens – um in Schopenhauers kühner Metapher zu bleiben – in der Deutung durch die *Melodie* als sinnvoll erahnt wird. So ist auch seit jeher die Komposition geistlicher Texte wie der musikalische Teil des Gottesdienstes als eine legitime Anwendung der Musik betrachtet worden, und selbst diejenigen, die eine andere als die nur ästhetische Einschätzung der Musik ablehnen, dürften die Vertonung geistlicher Texte als natürlich und zum Gebiet der Musik gehörend empfinden. Der religiösen Gesinnung ebenso wie der nur-musikalischen Einstellung ist denn auch die Verbindung von Musik mit Religion durchaus einleuchtend gewesen. Die Weltbedeutung von Werken wie Bachs *Matthäus-Passion* oder seiner *h-moll-Messe,* Mozarts *Requiem,* Beethovens *Missa Solemnis,* Händels *Messias,* Bruckners *Te Deum* und so weiter, erwächst nicht nur aus der Bewunderung für ihre besondere künstlerische Höhe, sondern auch aus der allgemeinen Überzeugung, daß das Wesen der Musik dem Religiösen angemessen ist.

Aus dieser Wesensnähe zur Religion folgt natürlich keineswegs, daß die Musik nur in Verbindung mit Worten oder Vorstellungen aus der Sphäre des Religiösen an unsere Seele mit ihrer transzendentalen Kunde rührt. Im Gegenteil! Sie vollbringt das unvergleichlich machtvoller noch allein, denn sie entfaltet ihre Beredsamkeit zur höchsten Eindringlichkeit in der absoluten, vor allem in der symphonischen Musik. Es sind gerade die Höchstformen der absoluten Musik, in denen sich das Walten des Logos am klarsten spiegelt und von uns gleichnishaft erahnt werden kann.

THOMAS MANN

Musik als Spiegel der Welt

Harmonie – das ist mehr als ein ästhetischer Begriff, es ist ein kosmologisches Prinzip, und das Wort steht am Anfang, oder fast am Anfang, des abendländischen Denkens, es entstammt der vor-sokratisch griechischen Philosophie, der pythagoräischen Welterklärung. *Harmonia,* das Wort meint »Musik«, aber erst mittelbar; primär meint es »Mathematik«, denn sie war die Grundleidenschaft des Pythagoras, und die abstrakte Proportion, die Zahl, war es, die dieser fromme und strenge Geist zum Prinzip der Welt-Entstehung und des Weltbestehens erhob: In Zeitenfrühe der Allnatur als ein Wissender, ein Eingeweihter entgegenstehend, redete er sie zum erstenmal mit großer Gebärde als »Kosmos«, als Ordnung und Harmonie, als übersinnlich-tönendens Intervall-System der Sphären an. Die Zahl und das Zahlenverhältnis als konstituierender Inbegriff des Seins – in dieser Konzeption flossen das Schöne, das Exakte, das Vernünftig-Sittliche feierlich zusammen zur Idee der Autorität, die den pythagoräischen Bund, die esoterische Schule religöser Reinigung und Lebenserneuerung beseelte.

Aber die Welt ist nicht nur schöne Stimmigkeit und Sphärenharmonie; sie hat irrationale, dämonische Einschläge, die das Griechentum niemals übersah, sondern die es in seine Religiosität einzuschließen und darin aufzulösen suchte.

✻

Ist die Welt Musik, so ist umgekehrt die Musik das Abbild der Welt, des dämonisch durchwalteten Kosmos. Sie ist Zahlenwerk, Zahlendienst, heilige Rechnung, klingende Algebra. Aber steckt nicht im Zahlenwesen selbst ein magisches Element, etwas von Hexerei? Musik – eine Zahlen-Theologie, eine strenge Gotteskunst, für die aber alle Dämonen sich interessieren, und die unter allen Künsten den höchsten Grad innerer Möglichkeit besitzt, zur Teufelskunst zu werden. Denn sie ist Moral und Verführung zugleich, Nüchternheit und Trunkenheit zugleich, Aufforderung zu höchster Wachheit und Lockung zu süßem Zauberschlaf zugleich, Vernunft und Widervernunft, – kurz, ein Mysterium, einschließlich all der initiatorisch-erzieherischen Weihen, die seit eleusinischen und pythagoräischen Tagen dem Mysterium eigen waren; und ihre Priester und Meister sind Eingeweihte und Praeceptoren der Doppeltheit, der göttlich-dämonischen Ganzheit der Welt, des Lebens, des Menschen, der Kultur.

GÜNTER JENA

Musik als Symbol

»Die Wahrheit kam nicht nackt auf die Welt, sondern sie kam in den Sinnbildern und Abbildern. Die Welt wird sie auf keine andere Weise erhalten« (Koptisches Philippus-Evangelium). Die Sprache unseres Alltags oder die Sprache der Wissenschaft will definieren, argumentieren, beweisen. Die Sprache der Musik wie die der Mythen oder die der Träume und Märchen redet in Bildern, die das Verstehen gleichsam überspringen. Sie erklären nicht, sondern sind »Sinnbilder«, sind Symbole. Ich meine das Wort in seiner ursprünglichen Bedeutung: Die Griechen brachen einen Stock auseinander, die beiden Teile waren beim

»Zusammenfügen« (= symbállein) als zueinandergehörig zu erkennen und konnten so (z. B. für Gesandte von Völkern) als untrügliches Erkennungszeichen verwandt werden. Ich glaube daran, daß uns in Musik der abgebrochene Teil eines Ganzen begegnet, dessen anderer, abgetrennter Teil meist in einem unserem Verstand unzugänglichen Raum liegt. Die beiden abgebrochenen Teile wirklich zusammenzufügen ist uns Irdischen verwehrt. So nähert man sich den verborgenen Aussagen der Musik nicht mit den Gesetzen der Kausalität, sondern mit den Folgerungen der Analogie, die Kongruenz zu dem Unfaßbaren, Unerklärlichen auf anderem Wege, in anderer Sprache herstellt. Wie eine Saite in Schwingungen gerät, wenn man ihre Frequenz trifft, so vermag Musik sonst Unzulängliches widerzuspiegeln. Das meint wohl Luthers Deutung der Musik: »musica praeludium vitae aeternae« (Musik ist Vorspiel zum ewigen Leben).

BRUNO WALTER

»Die Himmel rühmen des Ewigen Ehre«

Vor zweieinhalb Jahrtausenden verkündete Pythagoras die Lehre von der Harmonie der Sphären. Niemals habe ich diese einem hohen Geist gewordene Offenbarung nur als das phantasievolle Erzeugnis erhabener Imagination aufgefaßt. Ich glaube daran, daß dem großen Menschheitslehrer sich Urtiefen der Natur im Klang eröffneten, daß er – wenn auch nicht mit dem physischen Ohr – die Harmonie der Sphären wirklich vernahm. Seine bedeutenden Einsichten und Lehren auf den Gebieten der Astronomie, der Mathematik, der Physik – verdanken wir ihm doch zum Beispiel eine klare Definition der musikalischen Intervalle – sprechen für den feierlichen Ernst auch jener Lehre.

Denn was wir von der geistigen Persönlichkeit, dem Lebensschicksal und den Lehren des Pythagoras wissen, schließt aus, daß seine *Harmonie der Sphären* nur eine aus babylonischen Theorien übernommene, trocken physikalische Intervall-Beziehung zwischen den kreisenden Himmelskörpern bedeuten sollte. Wir brauchen wohl nicht zu bezweifeln, daß Pythagoras, die zentrale Gestalt einer religiösen Gemeinschaft, Verkünder von Unsterblichkeit und Seelenwanderung, wahrhaft vertraut mit den Gestirnen und ihren Bahnen und hingegeben tiefen geistigen Forschungen – wir brauchen wohl nicht zu bezweifeln, daß ein so hoch inspirierter Geist dazu veranlagt war, die Harmonie der Sphären mit dem inneren Ohr zu hören und als seelenbewegendes Geschehen zu erleben.

*

Auch Musiker haben für jenes innere Ertönen des Universums Zeugnis abgelegt. Mit den Worten des Gellertschen Gedichtes »Die Ehre Gottes in der Natur« bestätigt die elementare Tonsprache Beethovens, aus der feierliche Überzeugung klingt, die Wahrbotschaft des frommen Dichters: »Die Himmel rühmen des Ewigen Ehre – Ihr Schall pflanzt seinen Namen fort.« – Ein verwandtes Dichterzeugnis vom inneren Tönen der Welt hat einen anderen schöpferischen Musiker, Robert Schumann, zu so ahnungsvollem Verstehen erleuchtet, daß er seiner Zustimmung und Ergriffenheit in der hoch inspirierten Klavierphantasie in C-Dur Ausdruck gab. Die seltsamen Verse Friedrich Schlegels, denen wir Schumanns tiefes Werk verdanken, und die er ihm als Motto vorangestellt hat, lauten:

> Durch alle Töne tönet
> Im bunten Erdentraum
> Ein leiser Ton gezogen
> Für den, der heimlich lauscht.

Der Dichter kann mit »allen Tönen im bunten Erdentraum« nur die sinnlich hörbaren Laute entweder des menschlichen Treibens oder der irdischen Natur meinen, wie Rauschen des Waldes, Branden des Meeres, Vogelruf, Donner, Sturm und andere Register des Tönenden in der Buntheit des Erdentraumes. Durch all dies elementarische Getön aber vernimmt der »heimlich«-innerlich Lauschende einen Klang aus anderen als den irdischen Sphären. Von lebhaft bewegten Tonstücken an, deren Rhythmen und Melodien den Menschen sogar bis ins Körperliche tänzerisch beschwingen, über das weite Reich der musikalischen Ausdrucksgebiete hin bis zur Verklärtheit eines Brucknerschen langsamen Satzes weist alle schaffende und nachschaffende musikalische Betätigung des Menschen auf ihren Ursprung aus den Sphären der kreisenden Gestirne. So ist unsere Musik, in deren zeitlichem Ertönen ihr ewiges Wesen als Urlaut mitschwingt, nicht nur eine Kunst von bestimmendem Einfluß auf unser kulturelles Leben – sie ist auch eine Botschaft aus außerirdischen Regionen, die uns auf unsere eigene höhere Abkunft mahnend hinweist.

MARIUS SCHNEIDER

Götter sind reine Klänge

Die brahmanischen Schöpfungsmythen erzählen, daß die ersten Menschen durchsichtige, leuchtende und klingende Wesen waren, die über der Erde flogen. Erst als sie sich zur Erde herabließen und begannen Pflanzen zu essen, verloren sie ihre Leichtigkeit und ihre eigene Leuchtkraft. Ihre Körper wurden undurchsichtig und das einzige, das von ihrer ursprünglichen Tonsubstanz übrig blieb, war ihre Stimme.

Auch die reine Materie entstand dadurch, daß die klingenden Urbilder erstarrten und klangbar (oder scheinbar sogar klanglos) wurden. Nichtsdestoweniger ist und bleibt nach altindischer Auffassung auch in der reinen Materie das eigentliche Substrat akustisch. Der Schall bildet das allen kosmischen Erscheinungen gemeinsame Urelement. Nur der Anteil oder die Lebendigkeit des Urklangs ist von Fall zu Fall verschieden. Götter sind reine Klänge. Von den anderen Lebewesen mit spontaner Stimmäußerung bis zu den Gegenständen, die nur durch Anschlagen einen Ton abgeben, sinkt die Größe und Art des Anteils zwar allmählich ab, aber es gibt trotzdem kein Ding, das nicht irgendeine verborgene Stimme hätte. Einen ganz spezifischen Anteil an der Ursubstanz hat der klingende Stein, insbesondere der vulkanische Phonolith, dem man als die älteste Materie betrachtet. Felsen, die eine mehr oder weniger menschen- oder tierähnliche äußere Gestalt aufweisen, gelten sogar als versteinerte Götter oder Hymnen. Aus der gleichen Vorstellung von der Natur der Materie entspringt auch die Idee, daß Gestirne, Menschen und Tiere ebenfalls aus Steinen hervorgegangen sein könnten.

In dieser alten Naturphilosophie wurzelt die Schlüsselstellung, die der Gesang und seine Sichtbarwerdung in den steinernen Götteridolen im Kult innehatte. Da der Klang die allen Dingen und Wesen gemeinsame Ursubstanz darstellt und seine Entfaltung zum Liede die singende Kraft ist, die den Kosmos bewegt, so bildet der Gesang auch das einzige Mittel, mit den entferntesten Mächten in eine direkte und substantielle Wechselbeziehung zu treten. Singen oder rhythmisches Sprechen ist im tiefsten Sinne eine direkte Teilnahme an der Ursubstanz des Universums und ein aktives Aufrufen, Erschaffen und Handeln innerhalb der akustischen Grundschicht der Welt. Es ist eine Nachahmung des klingenden Befehls, der einst die Welt zum Leben aufrief, und zugleich ein Brückenbau zwischen Himmel und Erde auf Grund der beiden Welten gemeinsamen

Tonsubstanz. Daher werden die Götter, die reine Lieder sind, durch Lobgesänge auch buchstäblich ernährt.

JOACHIM ERNST BERENDT

Universaler Lobgesang

Es gibt keine Kultur – von den Indern der Upanischaden bis zu den Juden der Psalmen, von den Babyloniern bis zu den Azteken, von den Ägyptern bis zu den Japanern, von den Sufis bis zu den Balinesen –, die nicht weiß und erfahren hat: Musik ist ein Lobgesang. Musik begann, um zu preisen. Um in Freude und Überschwang das Lob der Götter und Gottes zu singen. Das war der Beginn, der ihr Kraft gab. Diese Kraft trug sie. Überall hin – in Liebe und Trauer, in Sehnsucht und Ohnmacht, in Zorn und in Schmerz.

Immer noch steckt dieser Beginn in ihr. Nur dem, der die Negativität der Kunst braucht, um die eigene zu legitimieren, klingt es naiv, wenn jemand gegen Ende des 20. Jahrhunderts meint, Musik sei ein Lobgesang. Kein Zweifel – sie ist es – Stockhausens *Licht* und in Messiaens *Turangalila,* in Coltranes *Love Supreme* und Miles Davis' *Bitches Brew,* in Ali Akbar Khans *Karuna Supreme* und in Strawinskys *Psalmen-Symphonie.*

Noch immer kann Musik die »Deichsel aus Lobgesängen« sein, von der die Upanischaden singen. Es war diese Deichsel, die den Wagen der Sonne zog: Die Sonne ginge nicht über den Himmel ohne sie.

Marius Schneider hat gezeigt, daß die Sanskrit-Wurzel *bra* sowohl *wachsen* wie *lobsingen* bedeuten kann. Sie steckt im Namen des Schöpfergottes *Brahma* und des *Brahmans,* des Kosmischen Prinzips. Also: Gott Brahma wuchs, indem ihm Lob gesungen wurde. Das Universum wuchs durch Gesang.

Martin Buber erinnert daran, daß die ersten Mythen Lobgesänge waren. Und Marius Schneider resümiert: »Gott hungert nach Liedern.« Nach lebenslangem Studium der Religionen und spirituellen Überlieferungen der Völker bezieht Schneider diesen Satz nicht nur auf die vedischen Mythen, sondern auf den gesamten mythischen Bestand der Völker der Menschheit. Für sie alle gilt: Im Gesang der Musik wächst die Welt. »Möge mein Lied, aus dem Öl träufelt und das voller Süßigkeiten ist, dem Gott Indra eine wohlschmeckende Speise sein!« singt ein Sänger des Ringveda.

Welcher Musik? Wir sind immer wieder darauf gestoßen: Unsere menschliche und irdische Musik bildet die Proportionen des Kosmos ab. Nicht jeder Zahlwert ist ein Ton, aber jeder Ton ist ein Zahlwert, und wir haben gefunden: Die Natur bevorzugt – weit hinausgehend über zufallsmathematische Wahrscheinlichkeiten – solche Zahlen, die gleichzeitig Töne sind. Daß »die Welt Klang« ist, wissen nicht nur die Mythen und Legenden der Völker, auch die gesicherten Ergebnisse der harmonikalen Grundlagenforschung und vieler anderer Disziplinen bestätigen es. Wir haben den Klangcharakter der Welt in DNS-Genen und in den *spins* der Elektronen, im Sonnenwind und im Erdmagnetismus, im Wetter und im Gesang der Blumen und Pflanzen bestätigt gefunden.

Die Frage stellt sich: Wenn unsere irdische Musik als Lobgesang begann und in vielen ihrer Schöpfungen immer noch Lobgesang ist und wenn menschliche Musik nur ein minimaler Ausschnitt aus der Musik des Universums ist, muß dann nicht auch die kosmische Musik – die Musik der Sphären und Milchstraßen, der Planetenbahnen und Elementarteilchen und Gene – zuallererst Lobgesang sein?

KLAUS HEMMERLE

Konsonanz von Musik und Schöpfung

Musik ist Rationalisierung von Unmittelbarkeit, indem sie über das bloß Rationale hinausschreitet. Das Größere und der Mensch, das Vermögen des Menschen über alle Ratio hinaus und die Kraft seiner Ratio, sich in die Sinnlichkeit zu entäußern und darin Sinnlichkeit zu gestalten, klingen in der Musik ineinander.

Dann aber klingen in der Musik ineinander: Mensch und Schöpfung. Natürlich ist der Mensch selbst ein Stück Schöpfung. In ihr stehend aber, steht er ihr zugleich gegenüber. Daß Schöpfung nicht nur vorhanden ist und nicht nur Effekte zu ihrer Erhaltung, ihrer Restitution, ihrem Wachstum erzielt, sondern daß Schöpfung selber »erklingt«, kommt im Menschen zu sich, wird im Menschen vollbracht. Aber indem er dies vollbringt, indem er das Wort der Schöpfung birgt und entbirgt und das zugleich birgt und entbirgt, was mehr ist als bloß sagbares Wort, beansprucht er Schöpfung. Der Mensch braucht zumindest seine eigene Stimme, ihren Naturklang, und er beansprucht auf vielfältige Weise die Möglichkeiten der Natur, indem er sie nutzt und nachahmt und transformiert, auf daß sie ihm ihren Klang leihe für seine Musik. Der Mensch gibt der Stimme der Schöpfung sein Wort, er läßt zugleich mit seiner Stimme das in der Schöpfung geborgene Wort erklingen. Damit es aber erklinge, leiht er sich seine eigene Stimme bei den Möglichkeiten der Schöpfung aus. Melodie, Rhythmus und Harmonie, die Konstituentien von Musik, sind von der Schöpfung dem Menschen zugespielt, indem er zugleich darin sich selber ausdrückt und ausspielt.

ARNOLD LUDWIG MENDELSSOHN

Das Unaussprechliche sagen

Sehr richtig läßt sowohl die katholische wie die lutherische Kirche die Psalmen, Sprüche, dogmatischen Formeln und dergleichen singen oder psalmodieren, und nicht sprechen. Denn das Wort ist Instrument des logischen Denkens, daher das gesprochene der Kritik des Verstandes unterliegt. Aber jene kirchlichen Worte wollen gar nicht vom Verstand geprüft sein. Wenn sie, wie die Psalmen, als Lyrik nicht sowieso Musik fordern, wollen sie, sofern sie dogmatischen Inhalt haben, ein Unaussprechliches be- oder andeuten. Dieser Absicht aber ist das gesungene Wort darum besser angepaßt als das gesprochene, weil die Musik selbst schon in eine andere Sphäre gehört und versetzt, als die verstandesmäßige. Wenn Voltaire spottet: Was zu dumm ist, um es zu sprechen, das singt man, so halte ich dem entgegen: Manche Worte, die gesprochen Unsinn zu sein scheinen, werden verstanden, wenn sie gesungen werden.

DIETER SCHNEBEL

Messianische Musik als musica crucis

Geistliche Musik als solche, die sich gewissermaßen zum Medium des Geistes macht, wäre erst eine, in der sich gewissermaßen der Messias ereignete. Das dürfte sich freilich sowenig feststellen lassen wie der Glaube, die geistliche Existenz des Menschen. Nichtsdestoweniger stünde von geistlicher Musik zu erwarten, daß in ihr Momente des Messianischen sich fänden – in einer spezifisch neutestamentlichen solche der Geschichte des Christus Jesus.

*

Gegen Ende des zweiten Satzes von Mahlers *Lied von der Erde* leuchtet die sonst matte und abgetönte Musik für einen Augenblick unbeschreiblich auf: zu den Worten »Sonne der Liebe«, fällt dann aber sogleich in den früheren Ton zurück. Also wird an die Liebe, die im Text durchaus profan gemeint ist, ein utopischer Glanz entdeckt. Die Stelle, kaum als geistliche Musik gedacht, weist darauf hin, was solche vermag: Messianisches aufzustöbern; und jede Musik, die das vollbringt, sollte geistlich genannt werden, gleich, wie sie sich sonst gibt; Freiheit als Signum des Geistes gebietet ohnehin, sich vor vorschnellen Einschränkungen zu hüten. Von christlicher geistlicher Musik, die das Wesen des Messias Jesus anzunehmen trachtet, aber wäre zu erwarten, daß sie insgesamt sozusagen Passionsmusik sei. Was Adorno einmal von aller Kunst verlangte: sie solle durch die Erfahrungen von Auschwitz und Maidanek hindurchgegangen sein, ist für geistliche Musik erstes Kriterium. Das Diktum Bonhoeffers, die Kirche dürfe nur dann gregorianisch singen, wenn sie zugleich für die Juden und Kommunisten schriee, formuliert ein ästhetisches Gesetz der *musica sacra*. Sie geriete dann erst zu solcher, wo sie sich auf die Seite der Opfer schlüge. Also wäre hier die Konfiguration des Kreuzes eingeschrieben und sie würde zur *musica crucis*.

OLIVIER MESSIAEN

Liturgische Musik, geistliche Musik und Farbenmusik

Die Musik kann sich auf verschiedene Weise dem Heiligen nähern. Da ist zunächst die liturgische Musik, die dem Aufbau des Offiziums folgt und nur während des Gottesdienstes ihren Sinn erfüllt.

Da ist, zweitens, die Geistliche Musik – und dieser Begriff umfaßt ein weites Feld von Epochen und Ländern, von verschiedenartigsten ästhetischen Maßstäben.

Schließlich gibt es den Durchbruch zum Jenseitigen, zum Unsichtbaren und Unsagbaren, der mit Hilfe der Ton-Farbe gelingen kann und der in der Erfahrung des Geblendetsein gipfelt.

*

Meiner Ansicht nach kann man die Musik nicht vollends verstehen, wenn man nicht oft die beiden Phänomene der Komplementärfarben und der natürlichen Resonanz der Klangkörper erfahren hat. Und diese beiden Phänomene haben mit dem Gefühl des Heiligen zu tun, dem staunenden Geblendetsein, aus dem Verehrung, Anbetung und Lobpreis entspringen.

Und nun einige sehr knappe Worte über die Theorie der Ton-Farbe, wie ich sie verstehe.

Es wäre kindisch, jeder Note eine Farbe zuordnen zu wollen. Nicht isolierte Töne erzeugen Farben, sondern Akkorde oder besser Tonkomplexe. Jeder Tonkomplex hat eine klar bestimmbare Farbe. Diese Farbe wird sich auf allen Tonebenen einstellen, aber sie wird im Mittelbereich normal sein, in höherer Lage mehr ins Weiße gehen (heller werden) und bei tieferer Lage mehr aufs Schwarze zugehen (dunkler werden). Auf der anderen Seite wird – wenn wir unseren Akkord von Halbton zu Halbton transponieren – er bei jedem Halbtonschritt seine Farbe verändern.

*

Die liturgische Musik feiert Gott »bei Ihm zu Hause«, in Seiner Kirche, in Seinem eigenen Opfer. Die geistliche Musik entdeckt ihn jederzeit und überall, auf unserem Planeten Erde, unseren Bergen, Ozeanen, mitten unter den Vögeln, Blumen, Bäumen und auch in dem sichtbaren Universum von Sternen, die uns umgeben. Aber die Farbenmusik wiederholt das Werk der Scheiben und Rosetten des Mittelalters. Sie bringt uns in den Zustand geblendeten Staunens. Indem sie gleichzeitig unsere vornehmsten Sinne, das Gehör und das Auge, berührt, erschüttert sie unser Sinnesvermögen, reizt sie unsere Vorstellungskraft, erweitert sie unser Erkennen, drängt sie uns, die Begriffe zu überschreiten, hin zu dem, was höher ist als Urteil und Intuition: der Glaube.

Der Glaube jetzt – und seine logische Fortführung, die wirkliche Kontemplation, die »visio beatifica« nach dem Tode. Unser auferstandener Leib wird trotz seiner Verklärung, seiner Kraft, seiner Geistigkeit, dasselbe Fleisch bewahren, das uns bekleidet und begleitet hat. Damit bleiben auch dasselbe Sehvermögen und Gehör erhalten. Man sollte also gut schauen und horchen, um die Fülle der Musik und der Farben wahrzunehmen, von der die Apokalypse spricht ...

Quellen

NIKOLAUS HARNONCOURT (geb. 1929), *Die Macht der Musik. Zwei Reden*, Salzburg; Wien: Residenz 1993, 27 ff.

RICHARD VON WEIZSÄCKER (geb. 1920), *Reden und Interviews II*, Bonn: Presse- und Informationsamt der Bundesregierung 1986, 56 ff.

YEHUDI MENUHIN (geb. 1916), *Variationen. Betrachtungen zu Musik und Zeit*, München: Piper 1979, 19 ff.

BRUNO WALTER (1876–1962), *Von der Musik und vom Musizieren*, Frankfurt: S. Fischer 1957, 16 ff.

HERMANN HESSE (1877–1962), *Musik. Betrachtungen, Gedichte, Rezensionen und Briefe*, hrsg. von Volker Michels, Frankfurt: Suhrkamp 1993, 140 f.

RICHARD WAGNER (1813–1883), *Sämtliche Schriften und Dichtungen*, Bd. 5, Leipzig: Breitkopf & Härtel, o. J., 249 ff.

ALFRED DÖBLIN (1878–1957), *Gespräche mit Kalypso*, in: Schriften zur Ästethik, Poetik und Literatur, Olten; Freiburg i. Br.: Walter 1989, 17 f.

NIKOLAUS HARNONCOURT (geb. 1929), *Die Macht der Musik. Zwei Reden*, Salzburg; Wien: Residenz 1993, 7 ff., 23 ff.

LEONARD BERNSTEIN (1918–1990), *Erkenntnisse. Beobachtungen aus fünfzig Jahren*, München: Knaus 1983, 237 f.

GÜNTER JENA (geb. 1933), *»Das gehet meiner Seele nah« – Bachs Matthäuspassion*, München; Zürich: Piper 1993, 9 f.

HELMUT LACHENMANN (geb. 1935), *Musik als existentielle Erfahrung. Schriften 1966–1995*, hrsg. von Josef Häusler, Wiesbaden; Leipzig: Breitkopf & Härtel; Frankfurt: Insel 1996, 111.

ALLAN PETTERSSON (1919–1980), zit. nach: *Musik von Allan Pettersson*, hrsg. vom Sekretariat für gemeinsame Kulturarbeit in Nordrhein-Westfalen, Wuppertal 1994, 12.

CHARLOTTE SEITHER (geb. 1965), in: Musik und Kirche 68 (1998) 309 f.

HANS HEINRICH EGGEBRECHT (1919–1999), *Die Musik und das Schöne*, München; Zürich: Piper 1997, 182 f.

ROBERT SCHNEIDER (geb. 1961), *Schlafes Bruder*, Leipzig: Reclam 1992, 114 f.

JOHANN FRIEDRICH ROCHLITZ (1769–1842), *Allgemeine Musikalische Zeitung 3 (1800/1801)*, Leipzig: Breitkopf & Härtel, 494 f.

ALBERT SCHWEITZER (1875–1965), in: Die Musik 5 (1905/1906).

RICHARD WAGNER (1813–1883), *Sämtliche Schriften und Dichtungen,* Bd. 5, Leipzig: Breitkopf & Härtel, o. J., 191.

SÖREN KIERKEGAARD (1813–1855), *Entweder-Oder,* hrsg. von Hermann Diem und Walter Rest, Köln; Olten: Jakob Hegner 1960, 58 f., 74.

RICHARD WAGNER (1813–1883), *Gesammelte Schriften und Dichtungen,* Bd. 10, Berlin; Leipzig: Deutsches Verlagshaus, o. J., 211 ff.

STEFAN ZWEIG (1881–1942), *Zeiten und Schicksale. Aufsätze und Vorträge aus den Jahren 1902–1942,* Frankfurt: S. Fischer 1990, 154 f.

HERMANN HESSE (1877–1962), *Musik. Betrachtungen, Gedichte, Rezensionen und Briefe,* hrsg. von Volker Michels, Frankfurt: Suhrkamp 1993, 142, 150.

KARL BARTH (1886–1968), *Wolfgang Amadeus Mozart,* Zürich: Theologischer Verlag 1996, 7 f.

THOMAS MANN (1875–1955), *Essays,* Bd. 5, hrsg. von Hermann Kurzke und Stephan Stachorski, Frankfurt: S. Fischer 1996, 239 ff.

KARLHEINZ STOCKHAUSEN (geb. 1928), *Texte zur Musik 1963–1970,* Köln: M. Du Mont Schauberg 1971, 292 ff.

HANS URS VON BALTHASAR (1905–1988), *Die Entwicklung der musikalischen Idee,* Freiburg: Johannes 1998, 61 f.

LEONARD BERNSTEIN (1918–1990), *Erinnerungen. Beobachtungen aus fünfzig Jahren,* Hamburg: Knaus 1983, 76–79.

WOLF BIERMANN (geb. 1936), *Der Sturz des Dädalus,* Köln: Kiepenheuer & Witsch 1992, 188 f., 191 f.

HANS WERNER HENZE (geb. 1926), *Musik und Politik. Schriften und Gespräche 1955–1975,* hrsg. von Jens Brockmeier, München: Deutscher Taschenbuch Verlag 1976, 20.

JOACHIM-ERNST BERENDT (1922–2000), *Das Leben – ein Klang. Wege zwischen Jazz und Nada Brahma,* München: Droemer Knaur 1996, 88 ff., 380.

TILMAN MOSER (geb. 1938), *Gottesvergiftung,* Frankfurt: Suhrkamp 1980, 53 ff., 64, 98.

HANS KÜNG (geb. 1928), *Mozart. Spuren der Transzendenz,* München: Piper 1991, 39 ff.

ARVO PÄRT (geb. 1935), zit. nach: Peter Hamm, *Abglanz der Ewigkeit. Notizen zu Kompositionen von Arvo Pärt* (Booklet zur CD »Arbos«).

FRANZ VON SCHOBER (1796–1882), zit. nach: *Texte deutscher Lieder,* hrsg. von Dietrich Fischer-Dieskau, München: Deutscher Taschenbuch Verlag 1968, 53.

ERNST THEODOR AMADEUS HOFFMANN (1776–1822), *Schriften zur Musik. Singspiele,* Berlin; Weimar: Aufbau 1988, 23 ff.

CLEMENS BRENTANO (1778–1842), in: *Gedichte der deutschen Romantik*, hrsg. von Karl Otto Conrady, München; Zürich: Artemis und Winkler 1994, 109.

ERNST THEODOR AMADEUS HOFFMANN (1776–1822), in: *Schriften zur Musik. Singspiele*, Berlin; Weimar: Aufbau 1988, 221 f.

JOSEPH VON EICHENDORFF (1788–1857), in: *Gedichte der deutschen Romantik*, hrsg. von Karl Otto Conrady, München; Zürich: Artemis und Winkler 1994, 231.

WILHELM HEINRICH WACKENRODER (1773–1798), *Sämtliche Werke und Briefe*, Heidelberg: Carl Winter Universitätsverlag 191, 205 ff.

LUDWIG TIECK (1773–1853), *Gedichte*. Zweiter Teil, Dresden 1821, 29.

JOHANN FRIEDRICH HUGO DALBERG (1760–1812), *Blicke eines Tonkünstlers in die Musik der Geister* (1787). Zit. nach: Hermann Pfrogner, Musik. Geschichte ihrer Deutung, Freiburg; München: Alber 1954, 253 f.

RICHARD EDWARDS (1523–1566), frei übertragen von Johann Gottfried Herder (1744–1803), *Volkslieder*. ND der Erstausgabe Leipzig (1778/79). Hildesheim; New York: Olms 1982, 64 f.

ERNST THEODOR AMADEUS HOFFMANN (1776–1822), *Letzte Erzählungen. Kleine Prosa. Nachlese*, Berlin; Weimar: Aufbau 1983, 558.

JOHANN GOTTFRIED HERDER (1744–1803), *Sämtliche Werke*, Bd. XVI, hrsg. von Bernhard Suphan, Hildesheim; New York: Olms, o. J. 256 ff.

WILHELM HEINRICH WACKENRODER (1773–1798) / LUDWIG TIECK (1773–1853), *Herzensergießungen eines kunstliebenden Klosterbruders*, Stuttgart: Reclam 1997, 105 ff.

LUDWIG TIECK (1773–1853), *Gedichte*. Zweiter Teil, Dresden 1821, 3 ff.

HERMANN HESSE (1877–1962), *Musik. Betrachtungen, Gedichte, Rezensionen und Briefe*, hrsg. von Volker Michels, Frankfurt: Suhrkamp 1993, 25 f.

FULBERT STEFFENSKY (geb. 1933), in: Musik und Kirche 68 (1998) 320.

JOACHIM-ERNST BERENDT (1922–2000), *Das Leben – ein Klang. Wege zwischen Jazz und Nada Brahma*, München: Droemer Knaur 1996, 470 ff.

CHARLOTTE SEITHER (geb. 1965), in: Musik und Kirche 68 (1998) 307 f.

GEORG PICHT (1913–1982), Kunst und Mythos, Stuttgart: Ernst Klett 1986, 467 f.

FOLKE TEGETTHOFF (geb. 1954), zit. nach: Musik und Kirche 68 (1998) 301 f. (Rechte: Salzburg; Wien: Residenz-Verlag).

HELMUT LACHENMANN (geb. 1935), *Musik als existentielle Erfahrung.* Schriften 1966–1995, hrsg. von Josef Häusler, Wiesbaden; Leipzig: Breitkopf & Härtel; Frankfurt: Insel 1996, 116 ff.

JOHN CAGE (1912–1992), in: Richard Konstelanetz (Hrsg.), *John Cage im Gespräch zu Musik, Kunst und geistigen Fragen unserer Zeit,* Köln: Du Mont Buchverlag 1989, 62 f.

HANS ZENDER (geb. 1936), *Happy New Ears. Das Abenteuer, Musik zu hören,* Freiburg: Herder 1991, 11 f.

JOACHIM-ERNST BERENDT (1922–2000), *Das Leben – ein Klang. Wege zwischen Jazz und Nada Brahma,* München: Droemer Knaur 1996, 345 f.

ROBERT SCHNEIDER (geb. 1961), *Schlafes Bruder,* Leipzig: Reclam 1992, 34 ff.

HANS HEINRICH EGGEBRECHT (1919–1999), *Die Musik und das Schöne,* München; Zürich: Piper 1997, 161.

FERRUCCIO BUSONI (1866–1924), zit. nach: *Musik und Erleuchtung. Der Weg der großen Meister,* hrsg. von Klaus Derick Muthmann, München: Max Hieber 1984, 160 f.

BRUNO WALTER (1876–1962), *Von der Musik und vom Musizieren,* Frankfurt: S. Fischer 1957, 18 f.

THOMAS MANN (1875–1955), *Die Sendung der Musik,* in: Essays, Bd. 5, hrsg. von Hermann Kurzke und Stephan Stachorski, Frankfurt: Fischer 1996, 240.

GÜNTER JENA (geb. 1933), *Brich an, o schönes Morgenlicht. Das Weihnachtsoratorium von Johann Sebastian Bach,* Freiburg: Herder 1999, 13 f. (Rechte: Verlag am Eschbach).

MARIUS SCHNEIDER (1903–1982), *Singende Steine,* München: Heimerau 1978, 16 ff.

JOACHIM ERNST BERENDT (1922–2000), *Das Dritte Ohr. Vom Hören der Welt,* Reinbeck: Rowohlt 1985, 440 f.

KLAUS HEMMERLE (1929–1994), in: *Musica sacra 101* (1981) 17.

ARNOLD LUDWIG MENDELSSOHN (1855–1933), *Gott, Welt und Kunst.* Aufzeichnungen, Frankfurt: Insel 1949, 300.

DIETER SCHNEBEL (geb. 1930), *Anschläge – Ausschläge. Texte zur Neuen Musik,* München, Wien: Hanser 1993, 250 ff.

OLIVIER MESSIAN (1908–1992), zit. nach: *Internationale katholische Zeitschrift Communio 7* (1978) 520 ff.